rororo

rororo sport

Herausgegeben von Bernd Gottwald

Berend Breitenstein
unter Mitarbeit von Armin Roßmeier

▸▸DIE KRAFTKÜCHE

Einfach, schmackhaft, gesund

Die besten Rezepte für Fatburning
und Muskelaufbau

Rowohlt Taschenbuch Verlag

8. Auflage Januar 2013

Originalausgabe
Veröffentlicht im Rowohlt
Taschenbuch Verlag,
Reinbek bei Hamburg,
August 2000

Redaktion Michaela Breit
Umschlaggestaltung Büro Hamburg,
Susanne Reizlein
(Foto: TAKE / Modell: Berend Breitenstein)
Fotos Innenteil Horst Lichte
Satz UNDER/COVER, Hamburg
Gesamtherstellung CPI – Clausen & Bosse,
Leck
Printed in Germany
ISBN 978 3 499 19496 2

FSC www.fsc.org
MIX
Papier aus verantwortungsvollen Quellen
FSC® C083411

Das für dieses Buch verwendete Papier ist FSC®-zertifiziert.

INHALT

Zu diesem Buch

Die bedarfsangepasste Ernährung ist für das Erreichen Ihrer sportlichen Zielsetzungen von großer Bedeutung. Ob Sie Muskeln aufbauen oder Fett abbauen möchten – die Ernährung spielt dabei stets eine zentrale Rolle.

Wenn Sie sich nicht Ihrer Zielvorstellung entsprechend ernähren, können Sie sich im Training noch so anstrengen – optimale Fortschritte werden Sie nicht erreichen. Ganz anders sieht es aus, wenn Ihr Körper die für optimale Trainingserfolge notwendigen Nähr-, Bau- und Vitalstoffe bekommt.

«Wie die Ernährung, so die Leistung.» Dies gilt wohl für jede Sportart, ganz besonders aber für Bodybuilding. Es ist schon erstaunlich, wie sich das, womit wir unseren Körper ernähren, in optisch sichtbaren Ergebnissen niederschlägt. Der Aufbau von qualitativ hochwertiger Muskelmasse, bei gleichzeitig möglichst niedrigem Körperfettanteil, ist vor allem eine Frage der Ernährung. Natürlich müssen Sie Ihr Bestes beim Training mit Gewichten und während Ihrer Ausdaueraktivitäten geben, die Ernährung ist jedoch mindestens ebenso wichtig, damit Sie Ihre Ziele erreichen!

Dieses Buch als der vierte Baustein der Bodybuilding-Reihe im Rowohlt Verlag bietet Ihnen neben einer Auswahl an leckeren, leicht zuzubereitenden Rezepten für Muskelaufbau und Fatburning noch viele praktische Tipps, die Ihnen bei der Organisation Ihres persönlichen Ernährungsfahrplans weiterhelfen werden.

Mein besonderer Dank gilt Herrn Armin Roßmeier, der bei der Erstellung der Rezepte eine wertvolle Unterstützung gewesen ist.

Berend Breitenstein

ERNÄHRUNG FÜR BESTE GESUNDHEIT UND GUTES AUSSEHEN

Die Ernährung versorgt unseren Körper mit den wichtigen Brenn-, Bau- und Wirkstoffen, die wir für eine reibungslose Stoffwechselfunktion und den Erhalt unserer Leistungsfähigkeit benötigen. Geben Sie Ihrem Körper durch eine erstklassige Ernährung die Nährstoffe, die er benötigt, um gesund zu bleiben. In Kombination mit entsprechendem Training stellt die Ernährung die Basis für das Erreichen Ihrer Zielsetzung, sei es nun in erster Linie Muskelaufbau oder Fettabbau, dar. Durch die Nahrung nehmen wir Baustoffe in Form von Eiweiß, Wasser und Mineralstoffen, Brennstoffe als Kohlenhydrate und Fett sowie Wirkstoffe, das heißt Vitamine, Mineralstoffe und Enzyme zu uns. Ballaststoffe und sekundäre Pflanzenstoffe als bioaktive Substanzen erfüllen weitere wichtige gesundheitsschützende Funktionen im Organismus.

Kohlenhydrate

Die Bedeutung von Kohlenhydraten im Organismus

- bevorzugte Energielieferanten
- Ballaststofflieferanten
- Lieferanten von sekundären Pflanzenstoffen

Mit jedem Gramm Kohlenhydraten führen wir unserem Körper etwa vier Kilokalorien zu, Kalorien, die vom Körper als bevorzugte Energiequelle verwertet werden. Daher sollten innerhalb einer ausgewogenen Ernährung die Kohlenhydrate zwischen 55 und 60 Prozent der täglich aufgenommenen Gesamtkalorienzufuhr ausmachen. Diese Empfehlung gilt auch für die Muskelaufbauphase im Bodybuilding, schließlich werden Kohlenhydrate auch als «Supertreibstoff» für die Muskeln bezeichnet. Die Rezepte auf den Seiten 49 ff. sind in der Mehrzahl dementsprechend gestaltet.

Hauptsächliche Kohlenhydratlieferanten sind Getreideprodukte, zum Beispiel Haferflocken, Nudeln, Brot oder Reis und Gemüse, Obst, Milch und Milchprodukte. Auch Süßigkeiten wie Kuchen, Gebäck oder Schokolade enthalten neben reichlich Fett auch eine ganze Menge Kohlenhydrate. Damit sich die Kohlenhydrate aus der Nahrung nicht als Fettpolster an den Hüften festsetzen, ist es wichtig, bevorzugt die so genannten komplexen, langkettigen Kohlenhydrate zu verzehren. Sie befinden sich hauptsächlich in Vollkorngetreide und Gemüse. Der große Vorteil der komplexen Kohlenhydrate liegt darin, dass sie zunächst vom Verdauungstrakt aufgespalten werden müssen, langsam in das Blut abgegeben werden und den Körper dadurch über einen längeren Zeitraum, das heißt bis zu eini-

Bestandteile der Ernährung

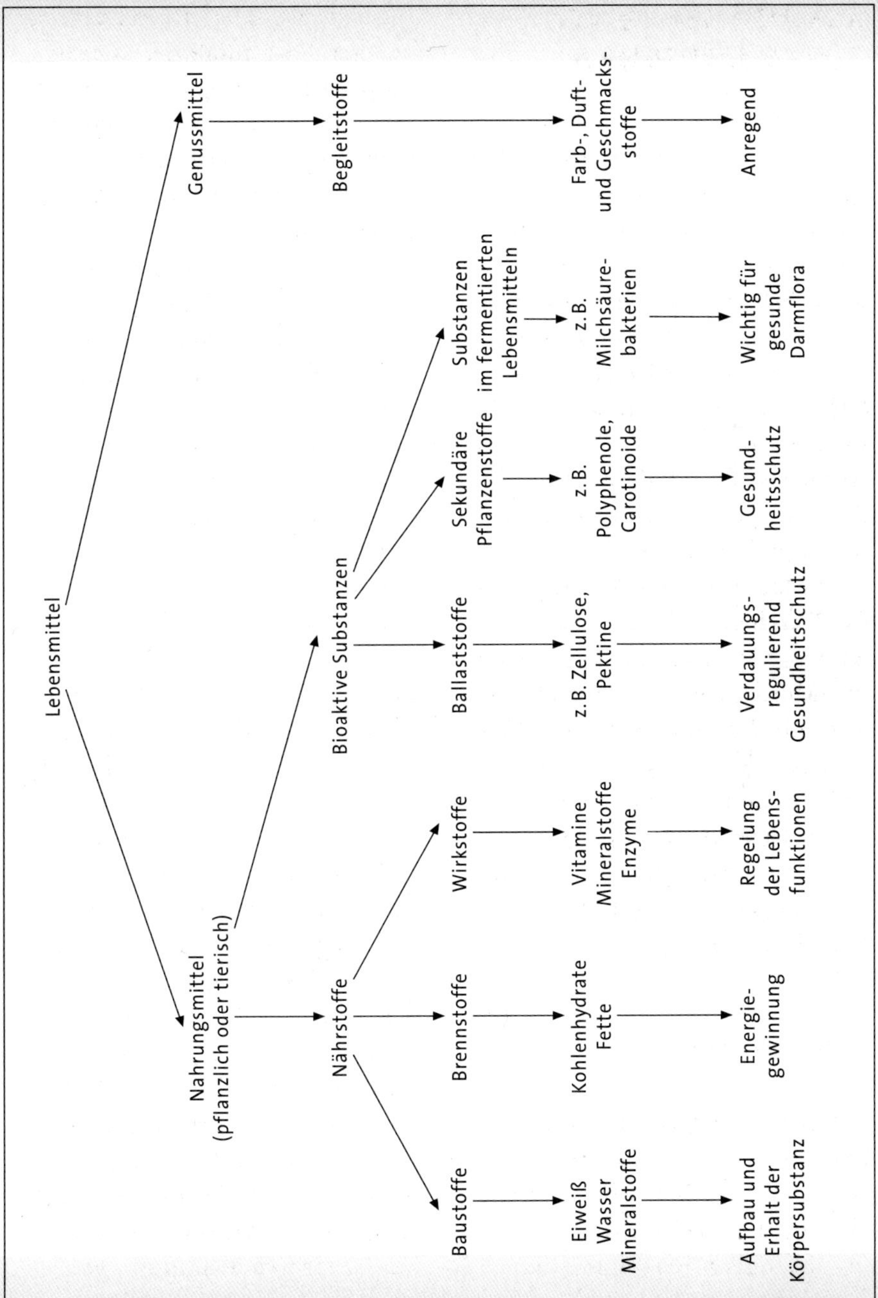

gen Stunden, mit Energie versorgen. Anders sieht es dagegen bei den kurzkettigen Kohlenhydraten aus, die wir in Form von Einfach- oder Zweifachzucker wie Süßigkeiten, Fruchtsaft, Haushaltszucker, Milch und Milchprodukten zu uns nehmen.

Diese Kohlenhydrate werden schneller ins Blut abgegeben und liefern zwar rasch Energie, können jedoch zu unerwünschten Fettansammlungen führen, wenn sie nicht verbrannt werden. Denn eines ist wichtig zu bemerken: Werden die im Blut befindlichen Kohlenhydrate nicht als Energieträger verstoffwechselt, wandern sie zunächst in die Leber und die Muskulatur und werden dort als Glykogen gespeichert. Wenn Sie bereits Erfahrung im Training mit Gewichten haben, dann kennen Sie sicher das Gefühl, mit gut gefüllten Glykogenspeichern zu trainieren. Die Muskeldurchblutung scheint wesentlich stärker und der so genannte «Pump-Effekt», bei welchem man das Gefühl hat, die Muskeln wären so straff, als würden sie die Haut sprengen, viel intensiver, als wenn Sie sich kohlenhydratarm ernähren. Sind diese Speicher gefüllt und erhält der Körper weiter reichlich Kohlenhydrate, so gelangen sie in die Zellen und werden dort in Körperfett umgewandelt und für Notzeiten gespeichert. Also Vorsicht! Schießen Sie über das Ziel hinaus und essen mehr Kohlenhydrate, als Sie verbrennen, besteht die Gefahr, dass Sie Fett ansetzen.

Nicht umsonst haben die Bodybuilding-Athleten der 70er und frühen 80er Jahre eine kohlenhydratarme Diät eingehalten, die sich hauptsächlich aus Fleisch, Fisch, Ge-

Einteilung und Vorkommen der Kohlenhydrate

Kohlenhydrat	Vorkommen
Einfachzucker (Monosaccharide) Traubenzucker (Glucose) Fruchtzucker (Fructose)	 Honig, Süßwaren Obst, Fruchtsaft
Zweifachzucker (Disaccharide) Rüben- oder Rohrzucker (Saccharose) Milchzucker (Lactose)	 Haushaltszucker, Süßigkeiten Milch- und Milchprodukte
Vielfachzucker (Polysaccharide) Stärke	 Getreide Kartoffeln Gemüse Reis Nudeln
Zellulose	Pflanzenzellwände

flügel, Gemüse und Wasser zusammensetzte, um in Topform zu kommen. Dieser Ernährungsansatz gewinnt seit einigen Jahren wieder stark an Aktualität. Für diesbezüglich interessierte Leser empfehle ich mein Buch «Power Bodybuilding. Erfolgreich, natürlich, gesund». Dort werden die Zusammenhänge von Kohlenhydratzufuhr und bestmöglicher Muskeldefinition genauestens beschrieben. Insbesondere, wenn Sie Körperfett abbauen möchten, sollten Sie der kohlenhydratarmen Diät eine Chance geben.

Eng mit der Aufnahme von Kohlenhydraten verknüpft ist die Zufuhr der so genannten bioaktiven Substanzen, deren Bedeutung für eine gesunde Ernährung besonders in den letzten Jahren immer deutlicher erkannt wird.

Zu den bioaktiven Substanzen zählen die Ballaststoffe, die sekundären Pflanzenstoffe und Substanzen in fermentierten Lebensmitteln wie Milchsäure und Milchsäurebakterien. Bioaktive Substanzen besitzen keinen Nährwert, also keine Kalorien, sodass der Körper sie nicht zur Energiegewinnung oder zum Aufbau körpereigener Substanz, wie beispielsweise Muskulatur, verwenden kann. Sie erfüllen jedoch wichtige gesundheitsschützende Funktionen im Organismus.

Ballaststoffe

Ballaststoffe sind unverdauliche Pflanzenbestandteile, die von den Enzymen des Dünndarms nicht aufgespalten werden können und daher unverdaut in den Dickdarm gelangen. Eine andere Bezeichnung für Ballaststoffe ist auch «Pflanzenfasern». Dieser Ausdruck macht deutlich, dass Ballaststoffe nur in pflanzlichen Lebensmitteln enthalten sind.

Zwar werden die Ballaststoffe den Kohlenhydraten zugeordnet, sie enthalten aber keine Kalorien. Lange Zeit galten die Ballaststoffe somit tatsächlich als überflüssiger Ballast. Erst Anfang der 70er Jahre wurde den Ernährungswissenschaftlern immer stärker die gesundheitsfördernde Wirkung einer ballaststoffreichen Ernährung bewusst. Heute sind die Funktionen der Ballaststoffe im menschlichen Organismus weitestgehend erforscht und die Empfehlungen gehen dahin, ausreichend Ballaststoffe mit der täglichen Ernährung aufzunehmen. Und das aus gutem Grund.

Die Bedeutung von Ballaststoffen im Organismus

Ballaststoffe
- beugen Erkrankungen des Magen-Darm-Traktes vor;
- sorgen für eine gute Verdauung;
- zeigen einen günstigen Einfluss auf den Cholesterinspiegel;

- regulieren den Blutzuckerspiegel;
- wirken sättigend.

Ballaststoffe können Erkrankungen des Magen-Darm-Traktes, wie zum Beispiel Dickdarmkrebs, vorbeugen und sorgen für eine gute Verdauung. Aber damit nicht genug. Das Risiko von Arteriosklerose, sprich der Ablagerung von Cholesterin und Kalzium an den Arterienwänden, wird durch den Verzehr von Ballaststoffen vermindert, denn sie «binden» das Cholesterin und tragen zu dessen Ausscheidung bei. Im Bodybuilding werden traditionell viele Eier gegessen. Eier enthalten viel hochwertiges Protein für den Muskelaufbau und stellen quasi so etwas wie ein Grundnahrungsmittel für den Athleten dar. Eigelb enthält in höheren Mengen Cholesterin, das als Ausgangssubstanz zur Bildung des männlichen «Muskelhormons» Testosteron dient und damit eine wichtige Bedeutung für den Muskelaufbau, gerade für drogenfrei trainierende Bodybuilder, hat. Durch den Verzehr von ballaststoffreichen Lebensmitteln wie beispielsweise Haferflocken verringern Sie das potentiell gesundheitsschädliche Risiko einer hohen Cholesterinaufnahme. Probieren Sie doch einmal die leckeren Haferflockenwaffeln, das Rezept finden Sie auf Seite 49. Außerdem vermeiden Sie starke Schwankungen Ihres Blutzuckerspiegels, wenn Sie Ballaststoffe verzehren, da sie den zeitlichen Übertritt der Kohlenhydrate ins Blut verzögern. So wird der Körper über einen längeren Zeitraum mit Energie versorgt und «Energiekrisen» vorgebeugt. Schließlich reduzieren Ballaststoffe das Hungergefühl. Ballaststoffreiche Lebensmittel erfordern stärkeres Kauen, füllen den Magen und führen so zu einem schnellen und anhaltenden Sättigungsgefühl, welches wichtig für die Ernährung in der Definitionsphase ist, um Ihre Kalorienaufnahme zu kontrollieren.

Alles gute Gründe, um Ihre Ernährung auf den Ballaststoffgehalt zu prüfen. Nehmen Sie genug Ballaststoffe auf? 30 bis 40 Gramm davon sollten es täglich schon sein, um deren gesundheitsfördernde Wirkung optimal nutzen zu können. Wenn Sie Vollkornprodukte, Gemüse, Obst, Kartoffeln, Nüsse und Hülsenfrüchte zu Eckpfeilern Ihrer Ernährung machen, werden Sie ausreichend Ballaststoffe verzehren und deren positive Wirkung auf die Gesundheit und Ihren Erfolg im Körpertraining (Bodybuilding) nutzen können.

Tipp:
Achten Sie bei ballaststoffreicher Ernährung darauf, viel zu trinken. Drei Liter täglich sollten es mindestens sein, damit die Darmzotten durch den reichlichen Ballaststoffverzehr nicht zusammenkleben.

Sekundäre Pflanzenstoffe

Auch die zweite Gruppe der bioaktiven Substanzen, die sekundären Pflanzenstoffe, treten immer stärker in das Bewusstsein für eine gesunde Ernährung. Nachdem verschiedene Studien zeigten, dass die Menschen in Ländern Südeuropas und in Asien deutlich seltener an Krebserkrankungen leiden als vergleichsweise Nordeuropäer oder Amerikaner, suchte man die dafür entsprechenden Gründe. Die Ernährungsgewohnheiten spielen dabei eine wesentliche Rolle.

In Italien oder Griechenland wird deutlich mehr Obst und Gemüse verzehrt als in Deutschland. Japaner essen reichlich Reis, Gemüse und Soja. Obwohl die im Obst und Gemüse enthaltenen Vitamine, Mineralstoffe und Ballaststoffe einen ausgeprägten Gesundheitsschutz bieten, sind sie für die Krebsvorsorge nicht allein verantwortlich.

Hier erscheinen die sekundären Pflanzenstoffe auf der Bildfläche. Die Bezeichnung «sekundär» rührt daher, dass sekundäre Pflanzenstoffe im Stoffwechsel der Pflanze erst nach der Photosynthese, also an zweiter Stelle gebildet werden.

Ebenso wie die Ballaststoffe haben sekundäre Pflanzenstoffe keinen Nährwert und sind, wie ihr Name schon sagt, ausschließlich in pflanzlichen Lebensmitteln enthalten. Ungefähr 10 000 verschiedene sekundäre Pflanzenstoffe gibt es in unseren pflanzlichen Lebensmitteln. Wichtige Vertreter dieser Gruppe sind zum Beispiel die Flavonoide, Carotinoide, Polyphenole oder die Glucosinolate. Sekundäre Pflanzenstoffe sind Schutz-, Farb-, Geschmacks- und Regulationsstoffe der Pflanze.

Die gesundheitsfördernden Wirkungen der sekundären Pflanzenstoffe kannten wohl schon die Bauherren des alten Ägypten, die ihren Arbeitern Knoblauch, Rettich und Zwiebeln zu essen gaben, damit sie möglichst nicht erkrankten.

Die Bedeutung von sekundären Pflanzenstoffen im Organismus

Sekundäre Pflanzenstoffe

- beugen Krebs vor;
- stärken das Immunsystem;
- wirken entzündungshemmend;
- unterdrücken Bakterien, Viren und Pilze;
- verhindern die Entstehung von Blutgerinnseln;
- wirken als Antioxidantien.

Wenn Sie sich für eine Ernährung entscheiden, die reichlich Obst und Gemüse sowie Hülsenfrüchte, beispielsweise Bohnen und Linsen, enthält, sind Sie mit diesen für die Gesundheit so wertvollen Stoffen gut versorgt. Und natürlich profitieren Sie auch als Bodybuilder vom Verzehr der sekundären Pflanzenstoffe. Nur wenn

Sie gesund bleiben und im Training vollen Einsatz zeigen können, werden Sie Ihre Trainingsziele erreichen können.

Tipp:
Ebenso wie Vitamine und Mineralstoffe können auch sekundäre Pflanzenstoffe bei der Zubereitung verloren gehen. So vertragen zum Beispiel die Carotinoide und die Glucosinolate Hitze schlecht und werden durch Braten oder Kochen teilweise zerstört. Schonendere Garverfahren wie beispielsweise das Dämpfen in einem elektrischen Dampfgarer erhalten einen Großteil der Vitamine, Mineralstoffe und sekundären Pflanzenstoffe. Bevorzugen Sie generell rohes Obst und Gemüse und essen Sie die Schale mit, da ein Großteil der sekundären Pflanzenstoffe direkt in oder unter der Schale sitzt. (Siehe auch Seite 43.)

Art, Vorkommen und Wirkungsweise einiger sekundärer Pflanzenstoffe

Sekundäre Pflanzenstoffe	**Vorkommen**	**Wirkungsweise**
Carotinoide	Orangefarbene Obst- und Gemüsesorten; grünblättriges Gemüse	Antioxidantien; stärken Immunsystem; senken Cholesterin
Phytosterine	Sonnenblumenkerne; Sojabohnen	Senken Cholesterin; Krebsschutz
Saponine	Hülsenfrüchte	Entzündungshemmend
Glucosinolate	Senf; Merrettich; Kohl	Krebsschutz
Polyophenole	Randschichten von Gemüse, Obst, Getreide	Antioxidantien, stärken Immunsystem; blutzuckerregulierend
Protease-Inhibitoren	Hülsenfrüchte	Entzündungshemmend; blutzuckerregulierend
Terpene	Zitronen; Minze	Krebsschutz
Phytoöstrogene	Sojabohnen; Getreide; Gemüse	Krebsschutz
Sulfide	Knoblauch; Zwiebeln; Lauch	Antioxidantien; stärken Immunsystem; Krebsschutz
Phytinsäure	Randschichten von Getreide und Hülsenfrüchten	Blutzuckerregulierend

Substanzen in fermentierten Lebensmitteln

Die Bedeutung von fermentierten Lebensmitteln im Organismus

Fermentierte Lebensmittel

- sind wichtig für eine gesunde Darmflora.

Die dritte Gruppe der bioaktiven Substanzen, also die Substanzen in fermentierten Lebensmitteln wie Milchsäure und Milchsäurebakterien, fördern eine gesunde Darmflora. Joghurt und frisches Sauerkraut sind Lebensmittel, die Ihrem Körper diese Gruppe der bioaktiven Substanzen in ausgezeichnetem Maße zuführen. Probieren Sie in den Wintermonaten einmal frisches Sauerkraut, das Sie im Reformhaus kaufen können. Es schmeckt lecker und ist wirklich gesund!

Exkurs: Freie Radikale

Im Zusammenhang mit den sekundären Pflanzenstoffen sind auch die freien Radikale von Interesse. Was sind eigentlich freie Radikale und wie können wir uns, bzw. unsere Zellen, vor ihrem Angriff schützen?

Freie Radikale sind aggressive Verbindungen, die jede Zelle ca. 10 000-mal am Tag angreifen. Sie entstehen durch alltägliche Stoffwechselprozesse, aber auch durch Rauchen, Alkoholkonsum, Sonnenlicht und Ozon. Auch in besonders belastenden psychischen Situationen, wie zum Beispiel durch eine bevorstehende Prüfung, können vermehrt freie Radikale produziert werden.

Normalerweise verfügt unser Körper über ein ausreichend starkes Schutzsystem gegen Attacken der freien Radikale. Problematisch kann es werden, wenn eine Vielzahl von freien Radikalen durch die Zellmembran, das heißt die äußere Hülle der Zelle stößt, in den Zellkern eindringt und ihn schädigt (zum Beispiel Tumorentstehung).

Unterstützen Sie Ihren Körper im Kampf gegen freie Radikale durch den häufigen und regelmäßigen Verzehr von Lebensmitteln wie Obst und Gemüse, die reichlich so genannte Antioxidantien enthalten. Zu den Antioxidantien zählen die Vitamine A, C und E, das Spurenelement Selen und einige sekundäre Pflanzenstoffe. Antioxidantien sind Radikalfänger, das heißt, sie binden die Radikale an sich und machen sie unschädlich. Durch intensives Bodybuildingtraining kommt es zu einer vermehrten Bildung von freien Radikalen. Deshalb sollten Sie darauf achten, durch die Ernährung viel Vitamin C, A und E sowie Selen aufzunehmen. Empfehlenswert ist darüber hinaus auch die Einnahme eines Nahrungsergänzungsmittels, das speziell diese Wirkstoffkombination in hoher Dosierung enthält. Der beste Zeitpunkt der Einnahme dieses Präparates ist zusam-

Schutz vor freien Radikalen (aus: Dittrich, K./Leitzmann, C.: Bioaktive Substanzen, 1996)

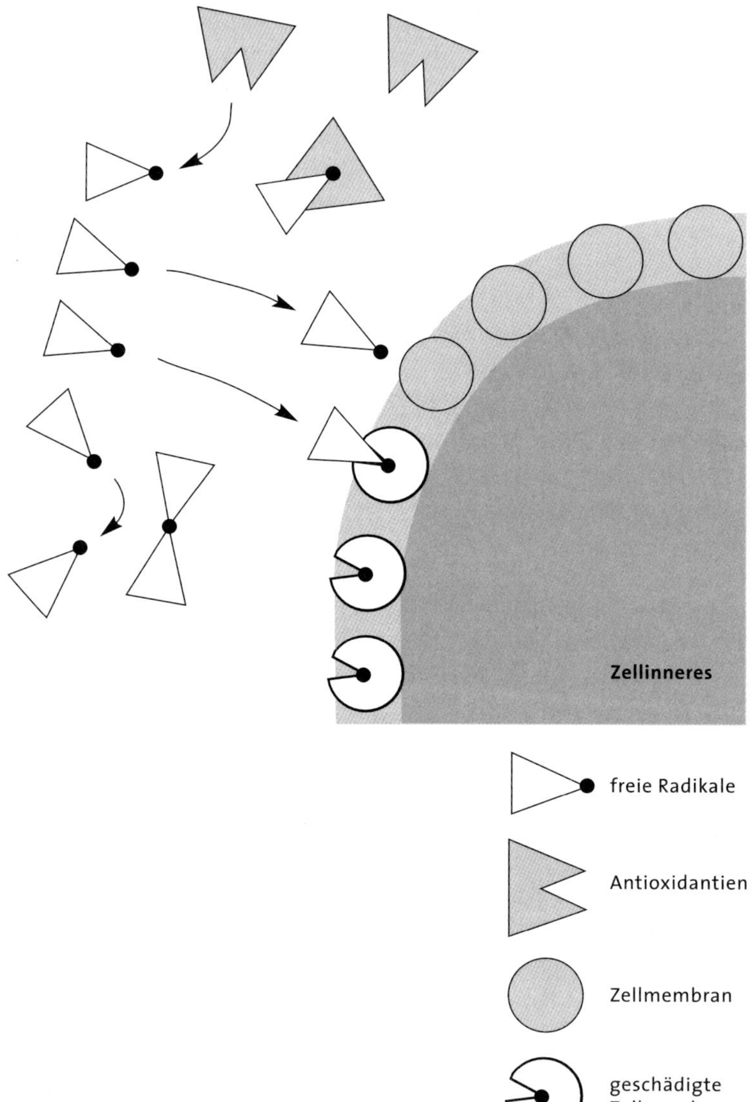

Freie Radikale greifen Fette und Proteine der Zellmembran an. Antioxidantien verbinden sich mit den Radikalen und machen diese unwirksam. Auch wenn sich zwei Radikale miteinander verbinden, verlieren sie ihre Aktivität.

men mit der ersten Mahlzeit nach dem Training, also dann, wenn der Körper noch am Beginn der Regenerationsphase ist.

Fett

Die Bedeutung von Fett im Organismus

Fett

- ist mit ca. 9 kcal/g der energiereichste Nährstoff;
- dient als Träger der fettlöslichen Vitamine A, D, E und K;
- verbessert mit den ungesättigten Fettsäuren die Fließeigenschaft des Bluts;
- ist mit den ungesättigten Fettsäuren Bestandteil der äußeren Zellhülle.

Neben den aufgelisteten Punkten hat Fett auch sensorische, sprich geschmackliche Bedeutung. Etwas Fettzugabe verleiht den Speisen einen herzhaften, aromatischen Geschmack. Da Fett *nicht* der Dickmacher Nr. 1 ist, sondern diese Rolle eher einer zu hohen Aufnahme von Einfach- und Zweifachzuckern zuzuschreiben ist, können und sollten Sie in der gesunden Kraftküche keine Angst vor der Verwendung von Fett haben.

Durch fetthaltige Lebensmittel führen wir unserem Körper gesättigte,

Chemie der Fettsäuren (aus: Geiß/Hamm 1992)

Gesättigte Fettsäuren
ohne Doppelbindung

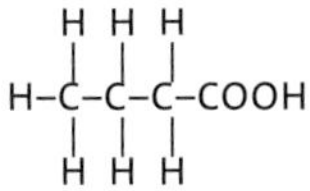

Beispiel: **Buttersäure** $C_4H_8O_2$

Einfach ungesättigte Fettsäuren
mit einer Doppelbindung

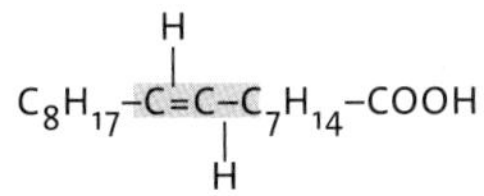

Beispiel: **Ölsäure** $C_{18}H_{34}O_2$

Mehrfach ungesättigte Fettsäuren
mit zwei oder mehreren Doppelbindungen

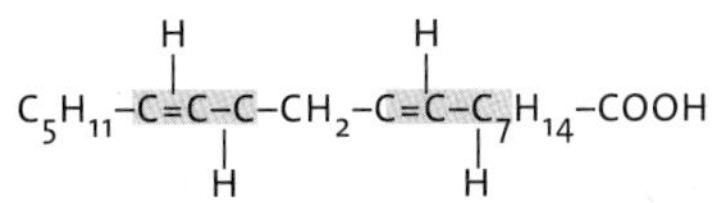

Beispiel: **Linolsäure** $C_{18}H_{32}O_2$

einfach und mehrfach ungesättigte Fettsäuren zu. Diese Unterscheidung ist im chemischen Aufbau der Fettsäuren begründet. Fettsäuren bestehen aus einer Kette von Kohlenstoffatomen, an die sich Wasserstoffatome setzen. Hat sich an jedes Kohlenstoffatom ein Wasserstoffatom gesetzt, so sprechen wir von einer gesättigten Fettsäure. Fehlt eines oder mehrere Wasserstoffatome und kommt es dadurch zu einer oder mehreren Doppelbindungen, liegt eine einfach bzw. mehrfach ungesättigte Fettsäure vor.

Gesättigte Fettsäuren kann der Körper selbst bilden, bestimmte ungesättigte Fettsäuren müssen mit der Nahrung aufgenommen werden. Diese Fettsäuren werden als essentiell bezeichnet, wie zum Beispiel die zweifach ungesättigte Linolsäure, die besonders in kaltgepressten Pflanzenölen enthalten ist.

Grundsätzlich wird zwischen tierischen und pflanzlichen Fetten unterschieden. Jedes fetthaltige Lebensmittel zeigt dabei seine eigene, spezifische Fettsäurezusammensetzung. Sowohl tierische als auch pflanzliche Lebensmittel enthalten in unterschiedlichen Anteilen gesättigte und ungesättigte Fettsäuren. Tierische Fette (z. B. in Fleisch, Milch) enthalten dabei im Allgemeinen mehr gesättigte Fettsäuren als pflanzliche Fette (z. B. in kaltgepressten Pflanzenölen, Nüssen).

Berücksichtigen Sie bei Ihrem Fettverzehr, dass eine sehr hohe Aufnahme von gesättigten Fettsäuren das Risiko der Entstehung von Herz-Kreislauf-Erkrankungen begünstigt. Ungesättigte Fettsäuren gelten dagegen als Schutzfaktor für das Herz-Kreislauf-System. Diese Fettsäuren verbessern die Fließeigenschaften des Blutes, beugen Cholesterinablagerungen in den Arterien vor bzw. senken die Cholesterinwerte, sind wichtige Bauelemente der äußeren Zellhülle und tragen so zur Festigkeit der Zellen bei.

Interessant ist die Frage, ob es zwischen den einfach und mehrfach ungesättigten Fettsäuren Unterschiede in der Vorbeugung von Arteriosklerose gibt. Noch bis vor einigen Jahren galten die mehrfach ungesättigten Fettsäuren, wie sie beispielsweise in Distel- oder Sonnenblumenöl enthalten sind, als besonders gesund. Ohne Zweifel spielen diese Fettsäuren eine bedeutende Rolle bei der Vorbeugung der Arteriosklerose, der «Verkalkung» der Arterien. Die Sache hat allerdings einen Haken. Durch eine hohe Aufnahme von mehrfach ungesättigten Fettsäuren kommt es neben einer Verminderung des «schlechten», gefäßschädigenden LDL-Cholesterins auch zu einer Reduzierung des «guten», gefäßschützenden HDL-Cholesterins. Einfach ungesättigte Fettsäuren wie die Ölsäure, die reichlich in Olivenöl enthalten ist, senken das LDL-Cholesterin, ohne den HDL-Anteil zu mindern.

Als allgemeine Richtlinie gilt, dass

sich das durch die Nahrung aufgenommene Fett zu jeweils etwa einem Drittel aus gesättigten, einfach ungesättigten und mehrfach ungesättigten Fettsäuren zusammensetzen sollte. Dies ist natürlich sehr abstrakt. Es empfiehlt sich die Berücksichtigung folgender Grundregeln:

Richtlinien für den täglichen Fettverzehr

- Die tägliche Fettaufnahme soll sich ca. zur Hälfte aus sichtbarem Fett (z. B. in Butter, Ölen, auch Fettanteil am Fleisch) und unsichtbarem Fett (z. B. in Eiern, Käse, Milch, Nüssen) zusammensetzen.
- Fettarme Zubereitungsmethoden bevorzugen, wie z. B. Garen der Speisen im Wok oder im Dampfgarer.
- Für Salate kaltgepresste Öle und zum Braten Kokosfett oder Butterschmalz verwenden.

Besonders empfehlenswert für den Speiseplan sind auch die so genannten Omega-3-Fettsäuren. Diese Fettsäuren zählen zu den mehrfach ungesättigten und sind in hohem Maße in Salzwasserfischen wie Lachs, Hering, Makrele und Sardinen enthalten. Ihnen wird ein ausgezeichneter Herzschutz nachgesagt, und mittlerweile gibt es für diejenigen, die nicht so gern Fisch mögen, schon Backwaren mit Zusatz von Omega-3-Fettsäuren.

Eiweiß

Der Nährstoff, dem viele figurbewusste Menschen besondere Aufmerksamkeit schenken, ist das Eiweiß. Erfüllt doch Protein lebenswichtige Funktionen im menschlichen Körper und ist für die Entwicklung und den Erhalt eines straffen und muskulösen Körpers unentbehrlich.

Die Bedeutung von Eiweiß im Organismus

Eiweiß

- dient als Baustoff der Muskulatur;
- einige Hormone sind aus Eiweiß aufgebaut, zum Beispiel das Insulin;
- alle Enzyme bestehen aus Eiweiß;
- bildet Antikörper, die wichtig für ein starkes Immunsystem sind;
- ist Bestandteil des roten Blutfarbstoffs, des Hämoglobins, das wichtig für den Sauerstofftransport im Blut ist;
- ist wichtiger Strukturbestandteil der Zellhüllen.

Eiweiß enthält zwar ebenso wie Kohlenhydrate ca. 4 kcal/g, die Hauptaufgabe des Proteins ist es jedoch nicht, Energie zu liefern, sondern als Baustoff für die Muskulatur, einige Hormone, Enzyme, Antikörper, den roten Blutfarbstoff und die Zellhüllen zu dienen.

Eiweiß setzt sich aus 20 Aminosäuren zusammen, von denen 8 essentiell sind, das heißt, sie müssen mit der Nahrung aufgenommen werden. Den Eiweißbedarf zu decken dürfte beim heutigen Lebensmittelangebot nicht schwer sein. Hauptsächliche Eiweißquellen unserer Ernährung sind Fleisch, Fisch, Geflügel, Eier, Milch und Milchprodukte sowie Getreide und Hülsenfrüchte, beispielsweise Bohnen oder Linsen.

Die Eiweißlieferanten unterscheiden sich in der biologischen Wertigkeit (BW). Die biologische Wertigkeit gibt an, in welchem Maße der Körper das durch die Nahrung aufgenommene Eiweiß zum Aufbau von körpereigenem Eiweiß verwerten kann.

Biologische Wertigkeit:
100 g Nahrungseiweiß = x g Körpereiweiß

Das bedeutet, dass nicht nur die Menge, sondern auch die Qualität des aufgenommenen Proteins für eine optimale Eiweißversorgung des Körpers von Bedeutung ist. Je höher die BW des Eiweißes ist, desto weniger müssen Sie davon Ihrem Körper zuführen, um Ihre Eiweißbilanz ausgeglichen zu halten. Denken Sie bitte daran, dass Sie durch Ihr Training im Studio mehr körpereigene Eiweißsubstanz verschleißen als sportlich inaktive Menschen. Aber auch ohne sportliche Betätigung verliert der Organismus täglich einen Teil seiner Proteine über die Nieren, den Darm und den Schweiß. Diese Abnutzungsquote liegt bei etwa 30 g Eiweiß pro Tag. Die DGE (Deutsche Gesellschaft für Ernährung) empfiehlt eine tägliche Eiweißaufnahme von 0,8 g pro Kilogramm Körpergewicht, um nicht in einen Eiweißmangelzustand zu gelangen. Dies entspricht gerundet 55 g für eine Standardperson von 70 Kilogramm.

Sportlich aktive Menschen benötigen für den Erhalt der vollen Leistungsfähigkeit so genannte Sicherheitszuschläge. Die Höhe dieser Sicherheitszuschläge ist nicht eindeutig festgelegt. Empfehlungen in der Literatur gehen von 2 g Eiweiß pro Kilogramm Körpergewicht aus, vorausgesetzt, die Energiebilanz ist durch ausreichende Aufnahme von Kohlenhydraten und Fett gedeckt. Werden genügend Kohlenhydrate und Fett verzehrt, so kann das Nahrungseiweiß seiner eigentlichen Bestimmung als Baustoff gerecht werden und wird nicht als Brennstoff verpulvert.

Ermitteln Sie im Selbstversuch, welche Eiweißmenge bei Ihnen zu bestmöglichen Ergebnissen führt. Täglich 2 bis 3 g Protein pro Kilogramm Körpergewicht in der Aufbauphase und bis zu 4 g Eiweiß pro Kilogramm in der Definitionsphase sind ein guter Leitfaden, um stets ausreichend mit diesem muskelbildenden Nährstoff versorgt zu sein.

Pflanzliches Eiweiß hat im Allgemeinen eine niedrigere BW als tieri-

Biologische Wertigkeit (aus: Worm, N.: Gesund im Fleisch, München 1990)

Nahrungsprotein	Biologische Wertigkeit
Weizenmehl	57
Bohnen	73
Reis	82
Soja	85
Milch	90
Rindfleisch	92
Kartoffel	99
Vollei	100
Proteingemische	**Biologische Wertigkeit**
Bohnen / Mais	99
Vollei / Mais	114
Milch / Kartoffel	114
Vollei / Milch	119
Milch / Weizenmehl	125
Lactalbumin / Kartoffel	134
Vollei / Kartoffel	136

sches Protein. Ein Vergleich macht dies besonders anschaulich. Stellen wir uns nur einmal die Frage, welches Eiweiß dem menschlichen wohl ähnlicher ist, das vom Rind oder das Getreideeiweiß? Die Antwort liegt auf der Hand, und dennoch liefern auch pflanzliche Lebensmittel wertvolles Eiweiß. Immerhin liegt die BW von Vollreis-Eiweiß bei 82. In der Praxis werden zudem meist nicht einzelne Proteine, sondern Proteinmischungen verzehrt. Durch die gleichzeitige Aufnahme von tierischem und pflanzlichem Eiweiß (zum Beispiel Eier und Kartoffeln oder Getreideflocken mit Joghurt) wird die BW erhöht. Die Eiweiße ergänzen sich gegenseitig in ihrem Aminosäurenprofil. Diese Ergänzungswirkung hält über einen Zeitraum von 4 bis 6 Stunden an. Das bedeutet, dass Sie günstige Eiweißkombinationen nicht unbedingt gleichzeitig verzehren müssen, sondern die Ergänzungswirkung noch Stunden später nutzen können.

Die hohe BW der tierischen Eiweißlieferanten spricht also für den regelmäßigen Verzehr von Fleisch, Eiern, Fisch, Geflügel, Milch und Milchprodukten. Auch die Eiweißkonzentration ist bei tierischen Proteinlieferanten in der Regel höher als bei pflanzlichen. 100 g Magerquark enthalten beispielsweise um die 15 g Protein, im Vergleich dazu bieten 100 g Reis nur ca. 7 g Eiweiß.

Allerdings enthalten tierische Proteinträger nicht selten auch erhebliche Mengen an Fett, Cholesterin und Purinen. Um Ihren Organismus damit nicht zu gefährden, empfiehlt es sich

Eiweiß-Fett-Verhältnis in Lebensmitteln (aus: Verschiedene Nährwerttabellen und Herstellerangaben/aus: Hamm, M./Geiss, R.-R. – Handbuch Sportlerernährung, Reinbek 1992

Eiweiß-Fett-Verhältnis in Lebensmitteln			
Orientierungswert	**das steckt durchschnittlich in / im:**		
	verzehrbarer Anteil in Gramm	**Eiweiß in Gramm**	**Fett in Gramm**
Vollmilch, 3,5 % Fett	100	3,3	3,5
teilentrahmte Milch (fettarm)	100	4,0	1,5
Buttermilch	100	4,0	1,0
Speisequark (mager)	100	17,0	1,0
Emmentaler (45 % Fett i. Tr.)	100	28,0	30,0
Gouda (45 % Fett i. Tr.)	100	25,0	29,0
Camembert (50 % Fett i. Tr.)	100	22,0	28,0
Cornedbeef und magerer Schinken	100	20,0	5,0
Brühwurst	100	13,0–16,0	10,0–20,0
Fleischwurst	100	11,0	30,0
Leberwurst	100	15,8	28,8
Leberwurst (mager)	100	17,0	21,0
Bierschinken	100	15,5	19,2
Bratwurst	100	12,0	35,0
Mettwurst, einfach	100	14,0	50,0
Ei (Gesamtinhalt)	48	6,1	5,5
Kabeljau, Scholle, Schellfisch	100	16,0–19,0	1,0
Makrele, geräuchert	100	18,0–21,0	11,0–20,0
Hering in Soße	100	12,0–17,0	15,0
Thunfisch in Öl	100	23,0	21,0
Thunfisch in Wasser	100	20,0–26,0	2,0
Schweinekotelett	100	20,0	5,0–9,0
Schweinefilet	100	22,0	2,0
Rind (Roastbeef)	100	22,0	4,5
Rinderfilet	100	21,0	4,0
Brathähnchen (gegrillt)	100	21,0	5,6
Putenbrust	100	24,0	1,0
Kartoffeln (gekocht)	100	2,0	0
Pommes frites	100	4,0	12,0
Kartoffelchips	100	5,0	40,0
Brot	100	6,0–9,0	1,0
Erdnüsse (geröstet und geschält)	100	26,0	49,0
Reis (roh)	100	7,0	1,0
Erbsen, grün (frisch/gefroren)	100	5,0–6,0	1,0
Eierteigwaren (roh)	100	11,0–15,0	3,0
Schokolade (Vollmilch)	100	8,0	30

beispielsweise, bei der Zubereitung von Eiern Eigelb und Eiweiß im Verhältnis 1 zu 3 oder 4 zu verwenden.

Bevorzugen Sie grundsätzlich Eiweißlieferanten, die über ein besonders günstiges Eiweiß-Fett-Verhältnis

Beispiel einer ausgeglichenen Wasserbilanz (aus: Veiss, K.-R./Hamm, M.: Handbuch Sportlerernährung, 1992)

Wasseraufnahme		Wasserabgabe	
Trinkflüssigkeit	1500 ml	Harn	1300 ml
Wasseranteil in Speisen	700 ml	Stuhl	200 ml
Oxidationswasser (entsteht im Intermediärstoffwechsel bei der Oxidation von Nährstoffen)	300 ml	Haut und Lungen (Schwitzen und Abatmen)	1000 ml
Summe	**2500 ml**	**Summe**	**2500 ml**

verfügen, also beispielsweise Milchprodukte der Magerstufe oder Magerfische wie Kabeljau oder Scholle und auch Rinderfilet.

Aufgrund des hohen Anteils an Omega-3-Fettsäuren und deren ausgeprägten Gesundheitsschutzes ist es trotz des höheren Fettanteils durchaus empfehlenswert, Fische wie Lachs, Makrele oder Hering in Ihrem Ernährungsfahrplan zu berücksichtigen.

Bitte achten Sie darauf, bei eiweißreicher Kost viel Wasser zu trinken, damit die inneren Organe und hier insbesondere die Nieren in ihrer Entgiftungsarbeit unterstützt werden.

Wasser

Wasser wird auch als das «Elixier des Lebens» bezeichnet. Immerhin besteht unser Körper zwischen 60 und 65 Prozent aus Wasser.

Die Bedeutung von Wasser im Organismus

Wasser

- ist Baustoff von Muskeln, Knorpeln und Bandscheiben;
- ist Lösungs- und Transportmittel für die Nährstoffe;
- ist Temperaturregulator;
- ist wichtig für eine optimale Organfunktion.

Damit ist klar, wie wichtig eine ausreichende Wasseraufnahme für unsere Gesundheit ist. Bereits ein Prozent Wasserverlust in Bezug zum Körpergewicht wirkt sich in der Regel leistungsmindernd aus, und ein Wasserentzug von zwölf Prozent kann tödlich sein. Darum trinken Sie als aktiver Sportler mindestens 3 Liter Flüssigkeit pro Tag. Zusammen mit dem bei Stoffwechselvorgängen anfallenden Oxidationswasser und dem Wasser, das bereits in den Lebensmitteln enthalten ist, sollte diese Menge an täglich aufgenommener Flüssigkeit ausreichend sein, um eine mögliche Bluteindickung und Beeinträchtigung der Nierenfunktion zu vermeiden.

Drei Liter sollten das tägliche Minimum der Flüssigkeitsaufnahme sein, trinken Sie aber lieber noch mehr, um Ihren Organismus in seinen Stoffwechselabläufen optimal zu unterstützen. Ein weiterer wesentlicher Aspekt, der für eine hohe Wasseraufnahme spricht, ist der, dass Sie umso straffere Muskeln bekommen, je mehr Sie trinken. Immerhin bestehen Ihre Muskeln zu rund 65 Prozent aus Wasser. Deshalb heißt die Devise: Je mehr Wasser, desto besser! Trinken Sie während des Trainings zwischen 1 und 1,5 Liter Wasser und über den Tag verteilt noch einmal zwischen 2 und 4 Liter. Das ist eine große Menge, aber mit ein wenig Übung wird es Ihnen gelingen, derart viel Wasser aufzunehmen.

Hilfreich ist auch die Positionierung einer Wasserflasche an Orten, wo Sie sich täglich öfter und lange aufhalten, wie zum Beispiel im Büro oder im Auto. So können Sie zwischendurch immer wieder mal einen Schluck nehmen. Natürlich werden Sie bei einem derartigen Wasserkonsum häufiger die Toilette aufsuchen müssen. Sie werden sich aber deutlich besser fühlen und besser aussehen, wenn Sie reichlich Wasser trinken.

Mit dem Schweiß geht während des Trainings nicht nur Wasser verlo-

Mineralstoffe (aus: Hamm, M., et al.: Das Fitness Kochbuch, 1992)

Mineralstoffe	Vorkommen	Funktion
Calcium	Milch und Milchprodukte, Grünkohl, Hülsenfrüchte, Nüsse	Baustein der Knochen und der Zähne; notwendig für die Funktion von Nerven, Muskeln und Herz und für die Blutgerinnung
Magnesium	Milch und Milchprodukte, Fisch, Vollkornprodukte, grünes Blattgemüse	Knochenbaustein; notwendig für die Muskeltätigkeit; aktiviert viele Stoffwechselvorgänge
Natrium	Kochsalz, Wurst, Käse, Fertiggerichte, Dosengemüse, Brot	erhält die Gewebespannung; notwendig für die Funktionsfähigkeit von Nerven und Muskeln
Kalium	Hülsenfrüchte, Obst, Gemüse, Kartoffeln, Getreideprodukte	fördert den Wasserentzug in den Geweben; notwendig für die Funktion von Nerven und Muskeln
Eisen	Gemüse, Vollkornprodukte, Hülsenfrüchte, Fleisch, Leber	Bestandteil der roten Blutkörperchen
Jod	Seefisch, jodiertes Speisesalz	Bestandteil der Schilddrüsenhormone

Vitamine (aus: Hamm, M., et al.: Das Fitness Kochbuch, 1992)

Vitamine	Vorkommen	Funktion
Vitamin B 1 (Thiamin)	Vollkornprodukte, Schweinefleisch, Innereien, Weizenkeime, Haferflocken, Hülsenfrüchte	im Kohlenhydratstoffwechsel und im Nervensystem
Vitamin B 2 (Riboflavin)	Milch und Milchprodukte, grünes Blattgemüse, Fisch, Innereien	im gesamten Stoffwechsel bedeutend, insbesondere für den Aufbau des roten Blutfarbstoffs, den Sehvorgang und das Wachstum
Vitamin B 6 (Pyridoxin)	Vollkornprodukte, Gemüse, Leber, Kartoffeln, Bananen	im Eiweißstoffwechsel und bei der Blutbildung
Vitamin B 12 (Cobalamin)	Leber, Fisch, Fleisch, Eier, Milch, Käse	Blutbildung, Gehirnfunktion
Niacin (Nikotinsäure)	Vollkornprodukte, Hülsenfrüchte, Pilze, Fisch, Fleisch, Innereien	im gesamten Stoffwechsel
Folsäure	Blattgemüse, Hülsenfrüchte, Sojabohnen, Vollkornprodukte, Leber	Zellteilung, Blutbildung, Eiweißstoffwechsel
Biotin	Vollkornprodukte, Hülsenfrüchte, Nüsse, Leber, Eigelb	im Eiweiß- und Fettstoffwechsel
Pantothensäure	in allen Lebensmitteln enthalten, besonders in Leber, Eigelb, Erbsen und Blumenkohl	im Energie- und Fettstoffwechsel
Vitamin C (Ascorbinsäure)	Citrusfrüchte, schwarze Johannisbeeren, Paprika, Kartoffeln	im Bindegewebestoffwechsel (Haut, Knochen, Zähne), für das Immunsystem, bei Entgiftungsreaktionen und für die Verwertung von Eisen
Vitamin A (Retinol)	Leber, Butter, Eigelb, Milch, Lebertran; als Vorstufe (Carotin) u. a. in Karotten, Spinat, Grünkohl	für das Wachstum, für den Sehvorgang, Einfluss auf Haut und Schleimhäute und auf die Schilddrüsentätigkeit
Vitamin D (Calciferol)	Salzwasserfische, Butter, Margarine, Eigelb, Lebertran	reguliert den Calcium- und Phosphatstoffwechsel, schützt Knochen und Zähne vor Entkalkung
Vitamin E (Tocopherol)	pflanzliche Öle, ölhaltige Samen, Weizenkeime, Haferflocken, Eier	Schutz der ungesättigten Fettsäuren sowie der Zellwände
Vitamin K (Phyllochinon)	Leber, Blattgemüse, Milch, wird auch durch Darmbakterien gebildet	bei der Blutgerinnung

ren, sondern man verliert auch Vitamine und Mineralstoffe. Die Übersicht auf den Seiten 24 und 25 zeigt Vorkommen, Wirkungsweisen und Mangelerscheinungen von Vitaminen und Mineralstoffen.

Erkennen Sie Ihren Stoffwechseltyp

Der Aufbau von Muskeln und der Abbau von Körperfett erfordern neben hartem Training auch eine entsprechende Ernährung.

Dabei gilt für die Ernährung, ebenso wie für das Training, dass es keine einheitliche Ernährungsweise gibt, die für alle gleichermaßen zu den besten Ergebnissen führt.

Wie Sie persönlich optimal trainieren und essen sollten, hängt nicht zuletzt vom eigenen, persönlichen Stoffwechselgeschehen ab. Genauso wenig, wie es *die* optimale Trainingsmethode gibt, gibt es die optimale Ernährungsform, die den Muskel optimal auf- oder das Fett abbaut. Genetische Unterschiede, zum Beispiel im prozentualen Verhältnis der weißen, schnell kontrahierenden, zu den roten, langsam kontrahierenden Muskelfasern, zeigen Einfluss darauf, ob im Training vorzugsweise mit schwerem Gewicht und niedrigen oder mit leichterem Gewicht und hohen Wiederholungszahlen gearbeitet werden sollte.

Auch für die Ernährung gilt es, die individuelle Zusammensetzung herauszufinden, die zu bestmöglichen Resultaten führt. Dazu kommen Sie um das Experimentieren mit unterschiedlichen Ernährungsansätzen nicht herum.

Aus eigener Erfahrung weiß ich, dass man am besten damit beraten ist, die verschiedenen Empfehlungen zur Ernährungszusammensetzung selber in der Praxis auf ihre Effektivität zu überprüfen. Eine gute Muskeldefinition hätte ich niemals erreicht, wenn ich der Theorie einer kohlenhydratreichen, fettarmen Ernährungsweise weiterhin gefolgt wäre. Als ich schließlich zu einer kohlenhydratarmen, eiweißreichen Diät wechselte, wurden meine Anstrengungen im Training belohnt. Die Muskeln zeichneten sich durch den immer größeren Fettabbau schließlich klar und deutlich unter der Haut ab, und ich kam in eine so gute Form, dass ich schließlich an meinem ersten Profi-Wettkampf der WNBF (World Natural Bodybuilding Federation) in New York teilnehmen konnte.

Wichtig ist für Sie, herauszufinden, auf welche Nährstoffe Ihr Körper am besten anspricht.

Zunächst müssen Sie Ihre Zielsetzung definieren. Möchten Sie in erster Linie Fett ab- oder Muskeln aufbauen? Anschließend experimentieren Sie über einen mittelfristigen Zeitraum, das heißt jeweils mindestens sechs Wochen, mit Nährstoffen in unterschiedlicher Zusammensetzung. Das heißt, Sie nehmen in diesen Zyklen verschiedene Mengen an Eiweiß, Kohlenhydraten und Fett zu sich und beurteilen das Ergebnis dann im Spiegel. So werden Sie mit der Zeit herausfinden, welche Ernährungszusammenstellung für Sie das Beste ist.

Wie viele Kalorien benötigen Sie?

Obwohl man heutzutage vom sturen Kalorienzählen abgekommen ist, kann es zum besseren Verständnis, wie viele Kalorien man persönlich benötigt, von Nutzen sein, die Energiebilanz näher zu betrachten.

Der tägliche Kalorienbedarf errechnet sich wie folgt:

Grundumsatz (GU) + Leistungsumsatz (LU) = Totalumsatz (TU)

Der Grundumsatz ist die tägliche Kalorienmenge, die zur Aufrechterhaltung der so genannten vitalen Funktionen wie Atmung, Herzschlag und Verdauung benötigt wird, und errechnet sich nach der folgenden Formel:

Grundumsatz = Körpergewicht in Kilogramm × 24 Stunden × 1 Kalorie

Nehmen wir als Beispiel einen Mann, der 80 Kilogramm wiegt, so bedeutet das:

80 × 24 × 1 = 1920 kcal

Auf den Grundumsatz wird der Leistungsumsatz dazu gerechnet, also die Kalorienmenge, die durch Arbeitstätigkeit und sportliche Aktivitäten verbraucht wird. Dabei wird generell zwischen drei verschiedenen Arbeitsintensitäten unterschieden:

- Leichte Tätigkeit (zum Beispiel Schreibtischarbeit) + 300 bis 350 kcal/Tag
- Mittelschwere Tätigkeit (z. B. Automechaniker) + 500 bis 1000 kcal/Tag
- Schwere Tätigkeit (z. B. Bauarbeiter) + 1000 bis 1500 kcal/Tag

Nehmen wir an, dass der Mann in unserem Beispiel einer sitzenden Tätigkeit nachgeht, dann kommen auf den Grundumsatz von ca. 2000 Kalorien noch zwischen 300 und 350 Kalorien dazu und die Kalorien, die durch Sport verbraucht werden. Jede Stunde intensives Bodybuildingtraining verbraucht ca. 400 bis 600 kcal. Angenommen, unsere erdachte Person trainiert eine Stunde pro Tag, so errechnet sich der Totalumsatz wie folgt:

GU (ca. 2000 kcal) + LU (ca. 700 bis 950 kcal) = TU (2700 bis 2950 Kalorien)

Anhand dieses Beispiels können Sie Ihren persönlichen, täglichen Kalorienbedarf errechnen. Dabei sollten Sie in der Aufbauphase noch einmal einen Sicherheitszuschlag von rund 500 Kalorien hinzufügen, denn das eigentliche Muskelwachstum ist ebenfalls ein Energie verbrauchender Prozess.

Wenn Sie in erster Linie Körperfett abbauen möchten, so sollten Sie ein tägliches Kaloriendefizit von ca. 500 Kalorien anstreben. Es kann eventuell auch eine noch höhere Einschränkung der Kalorienaufnahme nötig sein, damit Sie wirklich gute Muskelzeichnung entwickeln. Nehmen Sie aber bitte nicht zu schnell ab. Als Richtlinie für eine gesunde Körperfettreduktion empfiehlt es sich, nicht mehr als 1,5 Kilogramm pro Woche abzubauen.

Die theoretisch errechnete Kalorienmenge sagt allerdings noch nichts über die empfohlene mengenmäßige Aufnahme von Kohlenhydraten, Fett und Eiweiß aus. Hier kommt es entscheidend darauf an, zu welchem Körpertyp Sie gehören. Sind Sie eher der zum Fettansatz neigende endomorphe, der von Natur aus muskulöse mesomorphe oder der sehr schlanke, dünne ektomorphe Typ?

Auch theoretische Formeln müssen auf Ihre Wirksamkeit in der Praxis überprüft werden. Das heißt, viel wichtiger als das penibel genaue Kalorienzählen ist die sichtbare Veränderung Ihrer körperlichen Erscheinung. Dazu überprüfen Sie Ihr Äußeres im Spiegel oder machen eine einfache Messung Ihres Körperfettanteils per Hand und entscheiden dann, ob Sie auf dem richtigen Weg sind oder ob die Ernährung oder das Training umgestellt werden muss. Dazu kommen Sie um das Experimentieren mit verschiedenen Ernährungs- und Trainingsformen nicht herum. Aber wie heißt es doch so schön: «Der Weg ist das Ziel.» Wenn Sie erst einmal handeln können, ohne groß zu überlegen, dann wissen Sie genau, was Sie machen müssen, um Ihre körperlichen Ziele zu erreichen.

Die Tagesvorschläge auf den Seiten 143 bis 150 geben Ihnen einen Einblick, wie die Nährstoffrelation in der Aufbau- und der Definitionsphase aussehen könnte, und verdeutlichen insbesondere die unterschiedlich bemessene Kohlenhydratzufuhr für die einzelnen Körpertypen.

EINKAUF, LAGERUNG UND ZUBEREITUNG VON LEBENSMITTELN

Tipps für die Lebensmittelauswahl

Die richtige, das heißt bedarfsangepasste Ernährung macht ca. 60 bis 70 Prozent Ihres Trainingserfolges aus. Deshalb ist es wichtig, dass Sie bei Ihrem Einkauf bevorzugt solche Lebensmittel in Ihren Warenkorb legen, die Ihren Körper mit hochwertigen Nährstoffen versorgen und Ihren Trainingserfolg unterstützen. Die richtige Auswahl diesbezüglich zu treffen ist nicht so leicht.

Vielleicht sind Sie auch schon einmal im Supermarkt gestanden und haben trotz des großen Lebensmittelangebotes nicht so recht gewusst, was Sie kaufen sollten. Nachfolgende Tipps sollen Ihnen als Entscheidungshilfe beim Einkauf dienen.

Rindfleisch

Rotes Fleisch wie zum Beispiel Rindfleisch versorgt Ihre Muskulatur mit besonders viel hochwertigem Eiweiß und einer Fülle von Vitaminen und Mineralstoffen. 100 g Rindersteak enthalten gut 20 g Eiweiß. Eiweiß, das der Körper hervorragend für den Aufbau von Muskulatur verwerten kann. Unter den Vitaminen sticht in erster Linie der hohe Gehalt an Vitamin A und den B-Vitaminen hervor. Viele Mineralstoffe, gut für den Körper verwertbares Eisen sowie Magnesium, Phosphor, Zink und Kupfer komplettieren den ausgezeichneten Nährstoffgehalt von rotem Fleisch.

Rindfleisch ist für den Aufbau einer massiven, starken Muskulatur von großer Wichtigkeit. Wenn Sie an harten, kraftvollen Muskeln interessiert sind, machen Sie Rindfleisch zu einem regelmäßigen Bestandteil Ihres Speiseplans.

Möchten Sie sich zu Hause ein kurz gebratenes, saftiges Steak zubereiten, achten Sie darauf, dass Sie gut abgehangenes Fleisch kaufen. Das Fleisch sollte von dunkler Farbe sein. Hellrotes Fleisch sieht vielleicht verlockend aus, ist aber nach dem Braten oftmals zäh. Besonders zart ist marmoriertes Beef-, Hüft-, Rump- oder Filetsteak, das von kleinen Fettäderchen durchzogen ist.

Beim Einkauf von Hackfleisch sollten Sie reines Beefsteakhack bevorzugen. Es besteht aus sehnen- und fettarmem Rindfleisch mit maximal 6 Prozent Fett. Rindergehacktes enthält bereits bis zu 20 Prozent Fett, gemischtes Hack (Rind- und Schweinefleisch) um die 30 Prozent und Schweinehackfleisch (Mett) bis zu 35 Prozent Fett. Obwohl der hohe Fettanteil, besonders in der Definitionsphase, eigentlich kein Problem darstellt, empfehle ich Ihnen, in erster Linie Beefsteakhack zu verwenden.

Rinderleber ist neben ihrer Bedeu-

Stücke vom Rind (aus: Roßmeier, A.: Kulinarische Sternstunden, 1997)

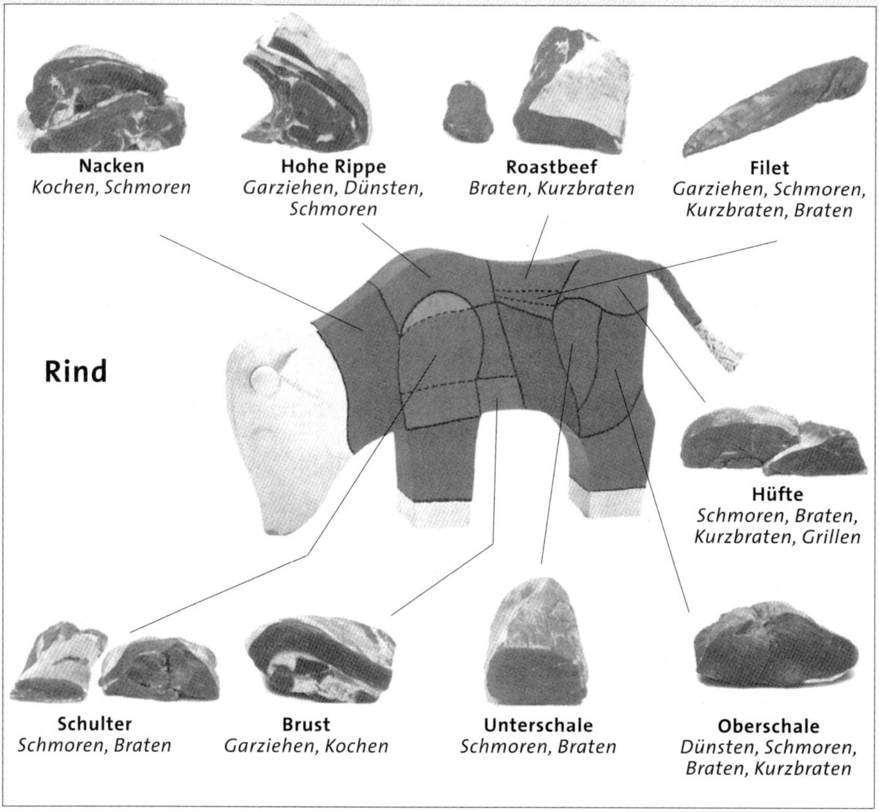

tung als hochwertiger Eiweißlieferant eine wahre Vitamin-A- und B_{12}-Bombe. Der Verzehr von Leber wirkt blutbildend und wurde früher gegen Blutarmut verabreicht. Achten Sie beim Kauf von Rinderleber darauf, dass die Oberfläche glänzt. Dann ist sie frisch.

Geflügel

Von verschiedenen Geflügelarten werden insbesondere Huhn und Pute in der Küche des figurbewussten Kraftsportlers zubereitet. Und das aus gutem Grund. Enthalten 100 g Hühnerbrustfilet doch ca. 23 g hochwertiges Eiweiß und 100 g Putenbrustfilet 24 g davon. Enthäutetes Hühner- und Putenbrustfleisch ist praktisch fettfrei und enthält größere Mengen an den Mineralstoffen Eisen und Zink sowie die Vitamine B_1, B_2 und B_6.

Frisches Geflügel erkennen Sie an der glänzenden Oberfläche. Selbstverständlich sollte das Fleisch auch keinen unangenehmen Eigengeruch haben.

Eier

Eier sind quasi so etwas wie ein Grundnahrungsmittel, wenn es darum geht, feste und kräftige Muskulatur aufzubauen. Das in einem Hühnerei enthaltene Protein von fast 7 g hat eine biologische Wertigkeit von nahezu 100, das bedeutet, dass Hühnereiprotein fast vollständig für den Aufbau von körpereigenem Eiweiß verwertet werden kann.

Eier sind zudem reich an Vitaminen und Mineralstoffen und enthalten viel Lezithin.

Sie können beim Einkaufen zwischen Eiern aus Batterie-, Boden- oder Freilandhaltung und kleinen (S), mittleren (M), großen (L) und sehr großen (XL) Eiern wählen. Eier aus Freilandhaltung scheinen durchaus anders, frischer zu schmecken. Probieren Sie es doch einmal selber aus: Machen Sie den direkten Geschmacksvergleich von «Batterieeiern» und «Freilandeiern» und entscheiden Sie dann, welche Eier Sie zukünftig kaufen werden.

Natürlich sollen Eier möglichst frisch eingekauft und verzehrt werden. Um festzustellen, ob das Ei noch frisch ist, können Sie beispielsweise den Wassertest machen. Dazu legen Sie das Ei in ein Glas Wasser. Ist es frisch, so bleibt es am Boden des Glases liegen, ist es nicht mehr so frisch, richtet sich das Ei auf und steigt zur Oberfläche. Eine weitere Möglichkeit zur Erkennung des Frischezustandes ist die Konsistenz des Eigelbes, wenn Sie das Ei aufschlagen. Ist das Eigelb klar und hebt es sich fest vom Eiweiß ab, ist das ein Zeichen von Frische. Von «zerlaufenden» Eiern sollten Sie lieber Abstand nehmen.

Ein Hühnerei (ca. 60 g) enthält	
Protein (Eiweiß)	6,8 g
Fett	5,9 g
Kohlenhydrate	0,37 g
Natrium	76 mg
Calcium	29 mg
Eisen	1 mg
Vitamin A	0,12 g
Vitamin B_1	0,05 mg
Vitamin B_2	0,16 mg
Energie	369 kJ

Ob Sie braune oder weiße Eier kaufen, macht keinen Unterschied im Geschmack oder im Gehalt der Nährstoffe.

Fisch und Meeresfrüchte

Fisch ist eine ausgezeichnete Quelle von hochwertigem Eiweiß und enthält außerdem reichlich Vitamine. Seefische, wie zum Beispiel Kabeljau oder Scholle, sind reich an Vitamin B und wichtige Eckpfeiler in der Jodversorgung unseres Körpers. Fettfische, wie beispielsweise Makrele, Lachs, Hering oder Aal, sind ausgezeichnete Vitamin-A-, -D- und -E-Lieferanten. Der Fettgehalt der einzelnen Fischarten variiert erheblich. So ist Kabeljau (Schellfisch) praktisch fettfrei, während Lachs wesentlich mehr Fett enthält. Allerdings sollte in diesem Zusammenhang erwähnt werden, dass Fettfische große Mengen an essentiellen, das heißt lebensnotwendigen, Omega-3-Fettsäuren enthalten. Diese Fettsäuren zeigen positive Wirkungen auf die Gesundheit des Herz-Kreislauf-Systems, indem sie der Arteriosklerose, das heißt der Ablagerung von Cholesterin und Kalzium in den Herzkranzgefäßen (Koronararterien) vorbeugen.

Als Meeresfrüchte werden Krustentiere wie Garnelen, Hummer und Langusten und Schalentiere wie Austern oder Miesmuscheln bezeichnet. Meeresfrüchte enthalten ebenso viel Eiweiß wie Magerfische, dazu reichlich Vitamin A und Zink.

Gute Gründe also, Fisch und Meeresfrüchte zu einem festen Bestandteil Ihrer Ernährung zu machen. Wenn Sie Fisch und Meeresfrüchte regelmäßig verzehren, bringt Sie das Ihren Zielen im Körpertraining auf gesunde und schmackhafte Weise einen großen Schritt näher.

Wirklich frischen Fisch erkennen Sie daran, dass er so gut wie gar keinen Eigengeruch hat. Fische, die statt eines frischen Meerwassergeruches den typischen Fischgeruch haben, sind zumindest nicht mehr ganz frisch. Frischer Fisch hat außerdem glänzende Augen, festes Fleisch, eng anliegende Schuppen und rote Kiemen.

Frische Meeresfrüchte sollten sich schwer anfühlen, frische Muscheln sind stets fest geschlossen.

Milch- und Milchfrischprodukte

Wer am Aufbau von massiven, kräftigen Muskeln interessiert ist, der wird an frischer Milch nicht vorbeikommen. Ein Liter Vollmilch enthält 875 g Wasser, 48 g schnell verwertbare Kohlenhydrate in Form von Milchzucker, 33 g hochwertiges Eiweiß, 35 g leicht verdauliches Milchfett und reichlich Vitamine und Mineralstoffe. Spitzenreiter unter den in der Milch enthaltenen Mineralstoffen ist das Calcium. Milch und Milchprodukte sind Eckpfeiler in der Calciumversorgung. Kleinere Mengen an Magnesium, Eisen, Jod, Zink und Kalium vervollständigen den «Mineralstoff-Cocktail» in der Milch. Milch ist damit ein wahrer Krafttrunk an Energie liefernden und aufbauenden Inhaltsstoffen und ein wertvoller Bestandteil in der Kraftküche.

Die Milchsorten werden nach ihrem Fettgehalt und dem Grad ihrer Wärmebehandlung unterschieden. Vollmilch mit natürlichem Fettgehalt hat zwischen 3,7 und 4,0 Prozent Fett.

Vollmilch mit eingestelltem Fettgehalt enthält 3,5 Prozent Fett, fettarme Milch 1,5 Prozent Fett und der Fettgehalt von entrahmter Milch liegt bei 0,1 Prozent.

Beim Homogenisieren wird die Milch durch eine feine Verteilung der Fett-Tröpfchen leichter verdaulich gemacht. Der Nährwert der Milch wird durch Homogenisieren nicht beeinträchtigt.

Um die Haltbarkeit der Milch zu verbessern, kommen zwei Methoden, nämlich das Pasteurisieren und die Ultrahocherhitzung, zum Einsatz. Beim Pasteurisieren wird die Milch zwischen 15 und 30 Sekunden auf 72 bis 75 Grad Celsius erhitzt. Dadurch werden eventuelle schädliche Keime in der Frischmilch vernichtet. Nährwert und Geschmack werden dadurch so gut wie nicht beeinträchtigt. H-Milch wird bei hohen Temperaturen erhitzt und ist zwar länger haltbar, nämlich zwischen sechs und acht Wochen bei Zimmertemperatur, als pasteurisierte Milch, schmeckt aber nicht so gut wie Frischmilch.

Zu den Milchfrischprodukten zählen zum Beispiel Joghurt, Buttermilch, Dickmilch, Kefir, Sahne, Hüttenkäse und Quark. Die Angebotspalette ist groß, und sicher ist hier für jeden Geschmack etwas dabei. Wer es gern süß mag, für den empfiehlt sich beispielsweise leckerer Joghurt mit Fruchtzubereitung oder erfrischende Fruchtbuttermilch. Wer eher den würzigen Geschmack bevorzugt, der kann beispielsweise zu einem Kräuterquark oder Crème fraîche mit Kräuterzubereitung greifen.

Obst und Gemüse

Frisches Obst und Gemüse sind Bestandteile jeder gesunden und ausgewogenen Ernährung. Wir können heute unter zahlreichen in- und ausländischen Obst- und Gemüsesorten wählen, die einen wichtigen Beitrag zur Versorgung unseres Körpers mit Vitaminen, besonders Vitamin A, C und B, und Mineralstoffen, an erster Stelle Kalium, leisten. Zahlreiche, für die Gesundheit wichtige sekundäre Pflanzenstoffe (siehe Seite 13 f.) machen Obst und Gemüse darüber hinaus so wertvoll für unseren Organismus. Frisches Obst und Gemüse besteht zu einem hohen Prozentsatz aus Wasser und ist generell kalorienarm. Eine Ausnahme ist hier das Schalenobst, zu dem zum Beispiel Nüsse gezählt werden. Auch Trockenobst, wie zum Beispiel getrocknete Aprikosen oder Datteln, ist aufgrund des geringeren Wasseranteils wesentlich kalorienreicher als Frischobst.

Obst enthält Einfachzucker in Form von Fructose, der schnell Energie liefert, erfrischende Fruchtsäuren und reichlich Ballaststoffe, die unter anderem für eine regelmäßige Darmfunktion wichtig sind (siehe Seite 11 f.).

Gemüse versorgt den Körper durch

Saisonkalender (aus: Hamm, M., Das Fitmacher Kochbuch, Niedernhausen 1994)

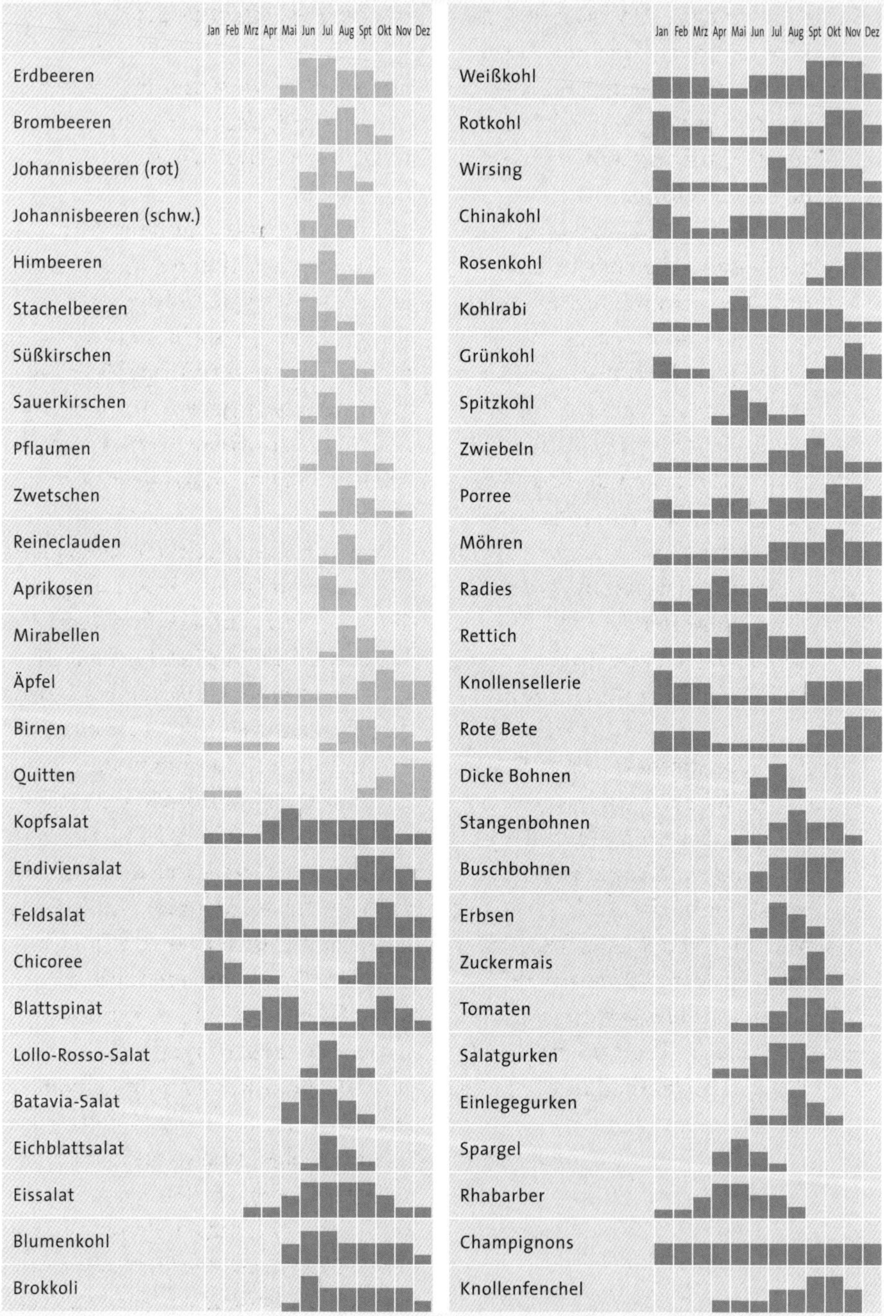

einen hohen Anteil an komplexen Kohlenhydraten, die langsam ins Blut abgegeben werden, zwar nicht so schnell mit Energie wie Obst, dafür aber über einen längeren Zeitraum. Ebenso wie Obst enthält Gemüse reichlich Ballaststoffe.

Die Einteilung in Handelsklassen (Extra, Klasse 1 bis 3) gibt lediglich Auskunft über die äußere Beschaffenheit, nicht aber über den Gehalt an Vitaminen und Mineralstoffen von Obst und Gemüse. Damit Obst und Gemüse ein Höchstmaß an Frische, Geschmack und Inhaltsstoffen enthält, sollten Sie saisonorientiert einkaufen. Frische Ernte und kurze Transportwege erhalten das Aroma, die Vitamine und Mineralstoffe. (Siehe nebenstehenden Saisonkalender für einheimische Obst- und Gemüsesorten.)

Neben inländischen Obstsorten bereichern Südfrüchte wie Apfelsinen, Mandarinen, Zitronen, Grapefruit, Bananen, Ananas, Mango und Papaya auf gesunde und schmackhafte Art und Weise unseren Speiseplan. Ananas und Papaya enthalten auch einen hohen Anteil an eiweißspaltenden Enzymen und sind in der Kraftküche ein wichtiger Bestandteil leckerer Rezepte.

So sind Ihre Lebensmittel am besten aufgehoben

Frischfleisch wie zum Beispiel Rindersteak, Hänchenbrustfilet oder frischen Fisch bewahren Sie am besten gekühlt auf.

Im Kühlschrank, also bei Temperaturen zwischen zwei und vier, maximal sechs Grad, kann frischer Fisch einen Tag, frisches Rindfleisch zwei bis drei Tage und Frischgeflügel bis zu fünf Tagen gelagert werden. Hackfleisch und Innereien sollten möglichst am Tag des Einkaufs verbraucht werden.

Wenn Sie eingeschweißtes Geflügel kaufen, nehmen Sie die Packung mit dem längsten Haltbarkeitsdatum. Grundsätzlich empfiehlt es sich, frisches Fleisch oder frischen Fisch nach dem Einkauf möglichst schnell zu Hause in den Kühlschrank zu legen. Geben Sie die Ware am besten in eine Schüssel, die Sie mit einem Teller oder Klarsichtfolie zudecken, und stellen Sie die Schüssel dann in die kälteste Ecke des Kühlschranks, also ins oberste Fach neben dem Verdampfer.

Tiefkühlen ist eine weitere Möglichkeit der Lagerung. Fleisch, Geflügel oder Fisch werden portionsweise in dafür vorgesehene, gefriergeeignete Beutel gegeben und dann in die Tiefkühltruhe gelegt. Selbstverständlich können auch fertig zubereitete Gerichte eingefroren werden. Verwenden Sie hierfür spezielle Gefrierdosen. Das

Lagerdauer von Lebensmitteln im Haushaltskühlschrank (Temperatur 2–6 °C), aus: Dt. Gesell. für Hauswirtschaft (Hg.), Lebensmittelverarbeitung im Haushalt, Stuttgart 1984

Lebensmittel	**Lagerdauer Tage**	**Bemerkungen**
Fleisch, roh	2–5	Stück- und Scheibenwaren
Fleisch, gegart	2–6	
Hackfleisch, roh	6–8 Std.	
Hackfleisch, gegart	2–4	z. B. Frikadellen
Innereien, roh	bis 24 Std.	
Rohwurst, geräuchert	bis 3 Wo.	z. B. Mettwurst
Brühwurst	1–4	z. B. Lyoner, Würstchen
Kochwurst	4–7	z. B. Leberwurst, Sülze
Schinken, gekocht	3–7	in Scheiben
Schinken, geräuchert	4–10	in Scheiben
Hähnchen, Huhn, roh	2–5	
Hähnchen, gebraten	1–3	
Huhn, gekocht	3–4	
Fisch, roh	bis 24 Std.	
Fisch, gegart	2–3	
Fisch, geräuchert	2–5	
Fischkonserven, geöffnet	1–3	nach Umfüllen
Milch, Sahne	4–5	
Sauermilch, Joghurt	4–6	
Kondensmilch	5–8	nach Umfüllen
Frischkäse	4–5	
Weichkäse	4–10	z. B. Camembert
Schnittkäse	10–14	z. B. Edamer, Tilsiter
Hartkäse	10–14	z. B. Emmentaler
Eier, roh	3–4 Wo.	
Eier, gekocht	14–16	
Gemüse, roh	3–8	z. B. Bohnen, Möhren, Rettich
Blattgemüse, roh	1–3	z. B. Kopfsalat, Endivie
Gemüse, gegart	1–3	
Gemüsekonserven, geöffnet	1–3	nach Umfüllen
Beerenobst	2–10	
Steinobst	3–10	
Obstkompott	3–5	
Obstkonserven, geöffnet	2–5	nach Umfüllen
Zitrusfrüchte, vollreif	10–20	
Teigwaren, gegart	2–4	
Reis, gegart	2–4	
Kartoffelsalat	bis 1	
Weizenmischbrot, geschnitten	5–10	verhindert Schimmelbildung, jedoch altbackener Geschmack

Voraussetzung für eine gute Qualitätserhaltung ist die Verwendung geeigneter Behälter, Beutel oder Dosen. Grundsätzlich beachten: Angabe des Mindesthaltbarkeitsdatums auf der Packung.

Einfrieren von frischem Fleisch sollte möglichst schnell geschehen. Heute haben alle guten Tiefkühlgeräte eine Schnelleinfrierfunktion. Die Lagerung in der Tiefkühltruhe erfolgt bei Temperaturen von mindestens minus 18 Grad Celsius. So sind Fleisch, Geflügel und Fisch monatelang haltbar. Sollten Sie größere Mengen zu unterschiedlichen Zeiten einfrieren oder leicht verderbliche Gerichte, empfiehlt sich die Beschriftung des Gefriergutes mit dem Datum. So können Sie beim Auftauen die richtige Reihenfolge beibehalten, das heißt früher Eingefrorenes zuerst auftauen.

Eier werden am besten ebenso wie Fleisch, Fisch oder Geflügel im Kühlschrank aufbewahrt. Als Richtlinien gelten dabei das Mindesthaltbarkeitsdatum auf der Verpackung und der Legetag.

Auch Milch und Milchprodukte werden grundsätzlich im Kühlschrank gelagert. Das Mindesthaltbarkeitsdatum auf der Verpackung gibt lediglich Informationen über die empfohlene Dauer der Aufbewahrung im Kühlschrank, ist aber nicht die Grenze, nach der das Lebensmittel automatisch verdorben ist. Die Ware ist oftmals bis einige Tage über das Mindesthaltbarkeitsdatum hinaus genießbar. Für den Fall, dass auf der Verpackung keine Lagertemperatur angegeben ist, sondern lediglich «gekühlt» steht, bezieht sich das Mindesthaltbarkeitsdatum auf eine Lagerung bei 10 Grad Celsius. Eine kurzfristige Lagerung, das heißt einige Tage, von frischem Obst und Gemüse erfolgt am besten bei Zimmertemperatur oder im Kühlschrank. Legen Sie Obst und Gemüse nicht zusammen, sonst nehmen sie wechselseitig den Geruch an. Wer isst schon gerne Weintrauben, die nach Zwiebeln riechen und schmecken?

Bestimmt sind Sie auch schon einmal in der Situation gewesen, aus Zeitgründen nicht mehr zum Einkaufen gekommen zu sein. Sind Sie dann zu Hause, stellt sich die Frage, was man essen soll. Damit Sie Ihren Ernährungsfahrplan immer einhalten und stets mit nährstoffreichen, energie- und muskelbildenden Lebensmitteln versorgt sind, empfiehlt es sich, eine dementsprechende Vorratshaltung zu betreiben. Nachfolgende Listen, die keinen Anspruch auf Vollständigkeit erheben, sollen Ihnen dabei als Leitfaden dienen.

Vorratshaltung für das Muskelaufbauprogramm

Ohne Kühlung können aufbewahrt werden:

- Haferflocken oder andere Getreideflocken
- Vollkornreis
- Vollkornnudeln
- Kartoffeln
- Nüsse
- Rosinen

- Sonnenblumenkerne
- Fischkonserven
- Bohnen
- Linsen
- Reiscracker
- Knäckebrot
- Fruchtschnitten
- Vollkornbrot
- Müslimischung
- Honig oder Konfitüre
- Frisches Obst und Gemüse
- Obstkonserven im Glas
- Gurken oder Silberzwiebeln im Glas
- Kaltgepresstes Pflanzenöl
- Nussmus
- Gewürzsortiment
- Tee
- Kaffee

Im Kühlschrank sollte aufbewahrt werden:

- Vollmilch
- Sahne
- Quark, 20 oder 40 Prozent Fett i.Tr.
- Fruchtjoghurt
- Kräuterquark
- Käse
- Aufschnitt
- Eier
- Butter
- Wasser
- Fruchtsaft

In der Tiefkühltruhe kann gelagert werden:

- Fleisch
- Fisch
- Obst
- Eventuell vorgekochte Gerichte
- Pizza, Baguette etc.

Vorratshaltung für das Fatburningprogramm

Ohne Kühlung können aufbewahrt werden:

- Haferflocken
- Reiscracker
- Knäckebrot
- Tomatenmark
- Nüsse
- Kaltgepresste Pflanzenöle
- Sonnenblumenkerne
- Kaffee / Tee
- Vollkornreis
- Vollkornnudeln
- Frisches Obst und Gemüse
- Dosenthunfisch in Wasser
- Obstkonserven im Glas ohne Zuckerzusatz
- Bohnen
- Linsen

Im Kühlschrank sollte aufbewahrt werden:

- Geflügelaufschnitt
- Magerquark
- Magerjoghurt
- Frischfleisch oder Frischfisch
- Eier

In der Tiefkühltruhe kann gelagert werden:

- Fisch

- Fleisch
- Zuckerfreies Obst
- Gemüse

Schmackhaft und nährstoffschonend kochen

Die Grundausstattung für die Zubereitung der Speisen setzt sich in einer gut organisierten Kraftküche aus einem elektrischen Dampfgarer, einem Topfsortiment mit Dünsteinsatz, einem Schnellkochtopf, mindestens zwei Pfannen (einer Edelstahlpfanne für kurz gebratene Steaks und einer beschichteten Pfanne für zum Beispiel Omelettes), einem Messersortiment, einem Wok und einem beschichteten, klappbaren Tischgrill zusammen. Diese Geräte ermöglichen die gesunde und nährstoffschonende Zubereitung der Lebensmittel.

Verschiedene Kochtechniken:

- Backen: Garen in heißer Luft, zum Beispiel Backwaren, Aufläufe. Ermöglicht eine fettfreie bzw. fettarme (das leichte Einfetten der Auflaufform ist empfehlenswert) Zubereitung.
- Braten: Garen mit oder ohne Zugabe von Fett, zum Beispiel Fleisch oder Eier. Bei Steaks, die in der Edelstahlpfanne gebraten werden, wird Bratfett verwendet, bei der Zubereitung in beschichteten Pfannen kann ohne Fettzugabe gebraten werden. Achtung: Beschichtete Pfannen nicht zu hoch erhitzen, da es zu einer Beschädigung der Beschichtung kommen kann.
- Dämpfen: Garen in Wasserdampf, zum Beispiel Gemüse. Eine sehr nährstoffschonende und empfehlenswerte Gartechnik, die ohne Fett- und Flüssigkeitszugabe auskommt.
- Dünsten: Garen in wenig Flüssigkeit, zum Beispiel Gemüse oder Fisch. Ebenso wie das Dämpfen ist das eine sehr nährstoffschonende Zubereitungsart. Wenn möglich, sollte die Garflüssigkeit mitverwendet werden.
- Pochieren: Garen in Flüssigkeit unter dem Siedepunkt, also bei ca. 75 bis 95 Grad Celsius, zum Beispiel Fisch oder Gemüse. Eine empfehlenswerte Zubereitungsart, da die Lebensmittel nicht in siedendem Wasser gegart und somit größere Nährstoffverluste vermieden werden.
- Grillen: Garen durch Strahlungs- oder Kontaktwärme, zum Beispiel Fleisch, Fisch oder Gemüse. Eine fettfreie Garmethode, die sehr schmackhafte Zubereitungen ermöglicht.
- Garen in der Folie: Garen im eigenen Saft auf dem Grill oder im Backofen in Alu- oder Bratfolie, zum Beispiel Fleisch, Gemüse, Fisch. Mit dieser Gartechnik

braucht man kein Fett zuzugeben und fast alle Nährstoffe bleiben erhalten. Bitte darauf achten, dass die blanke Seite der Alufolie nach innen kommt.

- Kochen: Garen in viel Flüssigkeit bei ca. 100 Grad Celsius, zum Beispiel Hülsenfrüchte (Bohnen, Linsen etc.), Fisch oder Fleisch. Achtung! Es kommt zu größeren Verlusten an Vitaminen, Mineralstoffen und sekundären Pflanzenstoffen.
- Schmoren: Anbraten in Fett, anschließend garen in wenig Flüssigkeit bei niedriger Temperatur in geschlossenem Topf. Empfehlenswerte Zubereitungsmethode für Fleischgerichte wie zum Beispiel Rinderbraten.

Fleisch

Für kurz gebratene, saftige Steaks eignet sich gut abgehangenes, marmoriertes Rindfleisch.

Je nach persönlichem Geschmack können Sie Ihr Steak «rare» (Bratzeit ca. 2 Minuten pro Seite), «medium» (Bratzeit ca. 4 Minuten pro Seite) oder «well done» (Bratzeit ca. 5 Minuten pro Seite) zubereiten. Für die Zubereitung von Steaks ist eine gusseiserne Pfanne erste Wahl. Darin in etwas Fett gebraten, gelingen die Steaks besonders gut. Wenn Sie Fett sparen möchten, bevorzugen Sie eine beschichtete Pfanne. Falls Sie Rumpsteak braten, schneiden Sie bitte den Fettrand mit kleinen Schnitten im Abstand von ca. 1 cm ein, damit sich das Fleisch in der Mitte nicht wölbt. Salzen bzw. würzen Sie Ihr Fleisch erst nach dem Braten, ansonsten könnte Ihr Steak während der Zubereitung zu viel Saft verlieren und zäh werden. Größere Fleischstücke, z. B. Rinderfilet am Stück, schneiden Sie am besten mit einem scharfen Fleischmesser. Um Fleisch noch zarter zu machen, können Sie es marinieren, das heißt ca. einen Tag in Würzflüssigkeit legen. Hierzu eignet sich beispielsweise eine Mischung aus Essig, Zitronensaft, Knoblauch und Zwiebeln. Besonders lecker schmeckt Fleisch, wenn es auf dem Holzkohlegrill zubereitet wird. Besonders an lauen Sommerabenden macht das Grillen Spaß. Legen Sie das Fleisch erst dann auf den Rost, wenn die Holzkohle gut durchgeglüht ist, wenden sie es ein- bis zweimal, und genießen Sie nach ca. 10 Minuten Garzeit den herrlich aromatischen Geschmack.

Möchten Sie einen Rinderbraten aus der Brust zubereiten, kochen Sie das Fleisch 60–90 Minuten lang oder braten Sie es im Ofen bei 160 bis 225 Grad 90–120 Minuten lang. Geben Sie das Fleisch beim Kochen erst dann in den Topf, wenn das Wasser siedet. Während des Kochvorganges soll das Fleisch vollständig vom Wasser bedeckt und der Topf stets gut verschlossen sein.

Geflügel

Frisches Geflügelfleisch, wie Hähnchen- oder Putenbrustfilet, muss während der Zubereitung hygienisch einwandfrei vorbereitet werden. Dazu wird das Fleisch gründlich unter fließendem Wasser gewaschen und anschließend trockengetupft. Dann werden noch eventuell vorhandenes Bindegewebe sowie mögliche Sehnenanteile mit einem scharfen Messer entfernt. Jetzt ist das Geflügel fertig für das Braten, Kochen oder Grillen. Achten Sie mit besonderer Sorgfalt darauf, dass rohes Geflügelfleisch nicht mit anderen Lebensmitteln, die roh verzehrt werden sollen, in Kontakt kommt. In seltenen Fällen kann Geflügel Bakterien, beispielsweise Salmonellen, enthalten, die schwere Infektionen des Magen-Darm-Traktes auslösen können. Damit Bakterien keine Chance haben, säubern Sie wie beschrieben das Fleisch und achten Sie bei der Zubereitung darauf, dass es gut durchgegart ist.

Ob das Geflügel gar ist, können Sie daran erkennen, dass das Fleisch beim Anschneiden ganz weiß und fest ist und keine rosa Fleischanteile mehr zu sehen sind. Beim Garen von Geflügel gilt: Lieber länger als zu kurz garen, sicher ist sicher. Wenn Sie Hähnchen- oder Putenbrustfilet grillen oder braten, sind 10 Minuten, beim Kochen 20 Minuten Richtlinien für ausreichend lange Garzeiten. Nach der Zubereitung von Geflügelfleisch sollten Sie alle Küchenutensilien, die mit dem rohen Geflügel in Kontakt gekommen sind, wie Messer oder Schneidebrett, gründlich in heißem Wasser mit Spülmittel reinigen.

Fisch

Für die Zubereitung von Frischfisch gelten dieselben Richtlinien wie für die Zubereitung von Geflügelfleisch. Das heißt, Sie säubern den Fisch zunächst unter fließendem, warmem Wasser, tupfen ihn ab und garen ihn beim anschließenden Kochen, Braten oder Grillen gut durch.

Eier

Ob gekocht oder gebraten, als Spiegel- oder Rühreier – Eier lassen sich auf vielfältige Art und Weise schmackhaft zubereiten. Wenn Sie Ihr Frühstücksei am liebsten weich mögen, lassen Sie es etwa 4 bis 4 1/2 Minuten kochen. Bevorzugen Sie hartgekochte Eier, liegen Sie mit 5 bis 6 Minuten Kochzeit richtig.

Nicht selten wird von Bodybuildern und Kraftsportlern eine enorme Anzahl von Eiern gegessen. Sechs bis zehn Eier täglich sind in solchen Fällen eher die Regel denn die Ausnahme. Auch noch größere Mengen sind nichts Ungewöhnliches im leistungsorientierten Krafttraining. Und das aus gutem Grund. Sind doch die Nährstoffe des Eies nahezu ideal für den Muskelaufbau (siehe auch unter Einkauf, Seite 31).

Wer viele Eier ist, nimmt auch viel Cholesterin zu sich. Obwohl es heute fast schon so etwas wie eine Cholesterin-Hysterie gibt, sind 10 Eier pro Tag sicher zu viel des Guten. Die täglich aufgenommene Cholesterinmenge soll laut Empfehlung der Deutschen Gesellschaft für Ernährung (DGE) 300 mg nicht überschreiten. Dies entspricht in etwa der Menge an Cholesterin, die in einem Eigelb enthalten ist. Obwohl Studien gezeigt haben, dass die tägliche Cholesterinaufnahme durch die Nahrung keine nennenswerten Auswirkungen auf den Serumcholesterinspiegel zeigt, gilt in etwa die Empfehlung, nicht mehr als durchschnittlich zwei bis drei Eigelb täglich zu verzehren. Wenn Sie sich also das nächste Mal ein leckeres Rührei aus 8 bis 10 Eiern zubereiten, dann trennen Sie einfach Eigelb und Eiweiß, sodass schließlich 8 bis 10 Eiweiß und lediglich zwei bis drei Eigelb verarbeitet werden (siehe auch Rezept Haferwaffeln, Seite 49). Auf keinen Fall sollten Sie vollständig auf Eigelb verzichten. Das Ei ist ein Naturprodukt, und die in ihm enthaltenen Nährstoffe werden vom Körper am besten aufgenommen, wenn Sie es im Ganzen verzehren. Vom Verzehr roher Eier ist dagegen abzuraten. Einmal ist die Gefahr einer Salmonelleninfektion gegeben und zudem enthält rohes Eiweiß einen Stoff, der die Resorption von Vitamin B_6 im Organismus erschwert.

Milch- und Milchfrischprodukte

Ob süß oder pikant-würzig, Milch- und Milchfrischprodukte schmecken einfach köstlich. Leckere, vollmundige Milch mit natürlichem Fettgehalt schmeckt pur aus der Tüte oder der Flasche getrunken und gibt dem Körper rasch Energie. Zusammen mit Früchten, Haferflocken, Nüssen etc. können im Handumdrehen aromatische, nährstoffreiche Milchshakes hergestellt werden, die wahre «Muskelaufbau-Bomben» sind (siehe auch Rezeptvorschläge Seite 91 bis 100).

Quark, Joghurt, Kefir oder Dickmilch kann pur oder süß z. B. als fruchtige Quarkspeise oder erfrischende Buttermilch, aber auch pikant, beispielsweise als Kräuterquark, angerichtet werden (siehe Rezeptvorschlag Seite 77).

Verrühren Sie Quark je nach Zubereitungsart mit etwas Wasser oder Fruchtsaft, damit er cremiger wird. Wer sich Joghurt, Dickmilch oder Kefir selber zubereiten möchte, findet zum Beispiel im Reformhaus die entsprechenden Fermente zur Herstellung.

Obst und Gemüse

Ein leckerer Rohkostsalat aus frischem, saftigem Obst oder knackigem Gemüse enthält viele Vitamine und Mineralstoffe. Obst und Gemüse eignet sich auch hervorragend als gesunder, schneller Snack zwischendurch. Eine Banane «aus der Hand» liefert ca. 20 g schnell verfügbarer Kohlenhydrate und ist geradezu ein idealer «Power-Snack» vor dem Training. Auch während des Trainings können verbrauchte Kohlenhydrate rasch mit einer Banane ersetzt werden.

Obst und Gemüse soll vor dem Verzehr gründlich gewaschen werden. Vom Schälen ist eher abzuraten. Wenn Sie zum Beispiel Äpfel schälen, dann ist es zwar richtig, dass eventuelle Rückstände von Pflanzenbehandlungsmitteln entfernt werden, allerdings befindet sich gerade direkt unter der Schale ein Großteil der Vitamine, Mineralstoffe und sekundären Pflanzenstoffe. Deshalb sollten Sie Waschen unter fließendem Wasser dem Schälen vorziehen. Anschließend können Sie es dann für einen frischen Obstsalat oder einen knackigen Gemüsesalat zerkleinern oder direkt essen. Zerkleinertes Obst und Gemüse verliert umso mehr Vitamine, je länger Sie es stehen lassen. So ist beispielsweise Vitamin C lichtempfindlich. Durch Sonnenlicht, Hitze, Luft und Wasser gehen bei der üblichen Zubereitung allein in der Küche 20 bis 50 Prozent der Vitamine verloren.

Vermeiden Sie es auf jeden Fall, Gemüse zu zerkochen. Erhitztes Gemüse sollte immer noch «bissfest» sein. Besonders nährstoffschonend und schmackhaft wird frisches Gemüse im elektrischen Dampfgarer oder im Wok zubereitet.

Tipps zur schonenden Zubereitung von Obst und Gemüse:

- Gründlich waschen, besser nicht schälen.
- Erst kurz vor dem Zerkleinern waschen.
- Nicht längere Zeit wässern.
- Bis zur Weiterverarbeitung abdecken.
- Mit wenig Flüssigkeit garen, am besten dünsten oder dämpfen.
- «Bissfest» zubereiten.

In der schmackhaften und bekömmlichen Kraftküche dürfen auch Gewürze und Kräuter nicht fehlen. Sie geben vielen Speisen ein besonders feines Aroma. Die Tabelle auf den Seiten 41 bis 45 soll Ihnen bei der Anwendung der verschiedenen Kräuter und Gewürze helfen.

So können Sie Kräuter und Gewürze verwenden (aus: Klein, B. [Projektleitung]: Die gesunde Feinschmecker Küche, 1993)

	Basilikum	Bohnenkraut	Chili,	Cayennepfeffer	Curry	Dill	Essig	Estragon	Ingwer	Kardamom	Kerbel	Knoblauch	Koriander	Kümmel	Liebstöckel	Lorbeer	Majoran
Asiatische Küche								•			•	•					
Französische Küche							•			•							
Griechische Küche											•						
Italienische Küche	•										•						
Mexikanische Küche			•								•	•	•				
Skandinavische Küche					•								•				
Spanische Küche											•						
Ungarische Küche											•						
Fisch	•			•	•	•	•	•		•	•			•	•		
Muscheln			•		•	•		•		•	•				•		
Krustentiere	•				•												
Geflügel	•		•	•				•			•				•		
Kalbfleisch				•	•			•			•	•					
Lammfleisch			•	•	•			•			•						
Rindfleisch	•		•	•		•		•			•		•		•	•	
Schweinefleisch								•			•	•					
Wild						•		•							•		
Getreidegerichte				•				•									
Kartoffeln				•	•					•	•	•	•	•	•		
Nudeln																	
Reis				•			•	•		•	•		•				
Eier			•	•			•			•							
Auberginen	•		•								•			•		•	
Blattsalate	•				•		•			•	•			•			
Bohnen		•									•						
Brokkoli																	
Dicke Bohnen		•												•			
Erbsen	•	•			•		•			•						•	
Hülsenfrüchte											•		•	•			
Möhren										•							
Paprikaschoten			•								•	•		•		•	
Pilze							•			•	•						
Rosenkohl																	
Rote Bete						•		•					•		•		
Rotkohl						•									•		
Sauerkraut													•		•		
Spinat											•						
Tomaten	•	•			•	•	•			•	•	•		•		•	
Weiße Gemüse				•									•				
Zucchini	•				•		•				•	•				•	
Süßspeisen																	
Gebäck, süß																	
Gebäck, pikant, Brot					•				•	•	•	•	•				

					•				•		•					•								•				•						•									Meerrettich
		•	•	•							•	•			•				•		•				•						•			•									Melisse
			•		•										•			•		•				•					•											•			Minze
				•		•				•	•		•				•				•			•						•	•												Muskat
								•					•													•		•						•									Nelken
	•	•	•		•						•	•			•					•				•		•								•		•			•				Orangenschale
														•				•		•								•	•	•	•									•	•		Oregano
			•			•						•		•		•				•															•	•				•			Paprika
			•	•	•				•		•	•	•	•	•	•		•	•	•	•	•	•	•	•					•	•	•	•	•		•							Petersilie
			•		•			•	•		•	•		•		•		•	•	•																							Pfeffer
•	•							•	•																	•								•									Piment
			•		•							•		•				•		•									•	•	•			•						•	•		Rosmarin
			•		•							•		•	•			•		•		•					•			•	•			•									Salbei
			•	•	•				•			•	•						•		•			•	•	•	•	•	•					•									Schnittlauch
				•				•	•	•				•																										•		•	Senf
•	•	•	•	•		•			•	•	•		•		•	•	•	•	•	•		•	•	•	•	•		•												•	•		Sesam, geröstet
			•		•		•					•		•						•				•		•		•											•	•			Thymian
							•	•																																			Wacholder
	•	•																																			•			•			Zimt
	•	•	•	•	•			•	•		•		•	•	•				•	•		•			•	•	•	•	•	•	•	•	•	•		•						•	Zitrone
•			•		•	•	•	•	•		•	•	•	•	•	•		•	•	•		•	•	•	•	•		•					•	•									Zwiebel, Schalotte

REZEPTE

Rezeptvorschläge für die Aufbauphase

Muskeln aufbauen und Kraft entwickeln

Die Rezeptvorschläge auf den Seiten 49 bis 103 sind speziell für die Aufbauphase erstellt. Die Nährwertrelation, das heißt das Verhältnis von Kohlenhydraten, Eiweiß und Fett, ist auf das Hauptziel der Aufbauphase, nämlich die Entwicklung von Muskelmasse und Kraft, abgestimmt.

Grundsätzlich empfiehlt es sich, in der Aufbauphase eine Ernährungsform einzuhalten, die reichlich Kohlenhydrate und Eiweiß enthält. Der Fettanteil sollte ebenfalls nicht zu stark eingeschränkt werden, da Fett unter anderem ein wichtiger Energielieferant ist (siehe auch Seite 17 bis 19).

Alle Rezepte sind für eine Person und eine Mahlzeit konzipiert.

Fruchtig-nussige Haferwaffeln

Zutaten:

		kcal	kJ
80 g	Hafervollkornflocken	296	1238
2	Eigelb	139	584
5	Eiweiß	100	416
30 g	Sonnenblumenkerne	172	722
30 g	Mandeln (geraspelt)	171	715
30 g	Sultaninen	89	374
	Gesamtsumme:	**968**	**4048**

Zubereitung: *Haferflocken mit Eigelb und Eiweiß in einer Schüssel vermischen. Sonnenblumenkerne, Mandeln und Sultaninen hinzugeben und alles gut durchrühren. Den Teig portionsweise auf ein Waffeleisen oder in eine beschichtete Pfanne geben. Jede Waffel im Waffeleisen ca. 3 bis 5 Minuten backen. Bei der Zubereitung in der Pfanne bitte einmal wenden und jede Seite ca. 3 bis 5 Minuten goldbraun braten.*

Tipps: *Nehmen Sie für dieses Rezept feinblättrige Haferflocken.*

Die Nüsse können fein gehobelt oder geraspelt sein. Je nach persönlichem Geschmack kann natürlich auch eine andere Nussart als Mandeln, wie zum Beispiel Paranüsse, Walnüsse oder Cashewkerne, in das Hafer-Ei-Gemisch gegeben werden.

Um die richtige Konsistenz des Teiges zu erreichen, experimentieren Sie bitte mit den Mengenverhältnissen von Haferflocken und Ei-Anteil. Erfahrungsgemäß hat sich die im Rezept angegebene Menge bewährt.

Wer mag, kann auf die fertigen Waffeln noch etwas Konfitüre oder Zuckerrübensirup geben (das muss dann natürlich bei der Nährwertberechnung berücksichtigt werden).

Die Waffeln können bereits am Vorabend zubereitet werden und dann entweder morgens, zu Hause oder während der Frühstückspause verzehrt werden.

In diesem Gericht sind enthalten

- *Eiweiß* 52 g (22 %)
- *Fett* 50 g (46 %)
- *Kohlenhydrate* 77 g (32 %)

Müsli-Quark-Mix

Zutaten:

		kcal	kJ
120 g	Früchtemüsli; Fertigmischung	425	1779
250 g	Sahnequark	358	1495
100 g	Fruchtcocktail (natreen)	26	110
Gesamtsumme:		**809**	**3384**

Zubereitung:

Früchtemüsli in eine Schale füllen und den Quark dazugeben. Fruchtcocktail und etwas Saft davon mit dem Müsli-Quark-Gemisch verrühren.

Tipps:

Dieses Frühstück ist sehr schnell zubereitet. Statt Fertigmüsli kann natürlich auch eine eigene Müslimischung verwendet werden oder der Fruchtcocktail gegen anderes Diätobst, z. B. Schattenmorellen aus dem Glas, ausgetauscht werden.

Lassen Sie die Mischung nach dem Durchrühren einige Minuten stehen, damit sich der Geschmack gut entfalten kann.

In diesem Gericht sind enthalten

- Eiweiß 35 g (18 %)
- Fett 33 g (37 %)
- Kohlenhydrate 89 g (45 %)

Flüssigmüsli

Zutaten:

		kcal	kJ
500 ml	Buttermilch	180	750
2 TL (10 g)	Fruchtzucker	40	170
80 g	Erdbeeren	24	100
1 (90 g)	Banane	86	358
4 EL (40 g)	Haferflocken	148	619
2 EL (20 g)	Weizenkeime	63	263
Gesamtsumme:		**541**	**2260**

Vorbereitung:
Erdbeeren waschen, putzen, die Banane schälen und in kleine Stücke schneiden.

Zubereitung:
Alle Zutaten in den Mixer geben und verquirlen.

Tipps:
Ein schnell zubereitetes, nahrhaftes flüssiges Frühstück.
Sie können frische oder tiefgekühlte Erdbeeren verwenden.

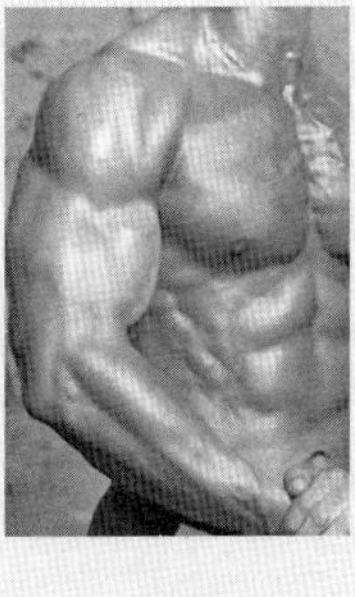

In diesem Gericht sind enthalten

- *Eiweiß* 28 g (22 %)
- *Fett* 7 g (13 %)
- *Kohlenhydrate* 85 g (65 %)

Vollkornbrot mit süßem Quark

Zutaten:		*kcal*	*kJ*
3 Scheiben (130 g)	Roggenvollkornbrot	252	1058
250 g	Sahnequark	358	1495
2 TL	Himbeerkonfitüre	40	169
Gesamtsumme:		***650***	***2722***

Zubereitung:
Den Quark auf die Vollkornbrotscheiben verteilen. Die Konfitüre darüber geben und verstreichen.

Tipps:
Ein schnell zubereitetes, schmackhaftes und nahrhaftes Frühstück.

Variation:
Statt Himbeerkonfitüre kann je nach persönlichem Geschmack auch eine andere Konfitüre oder Honig verwendet werden.

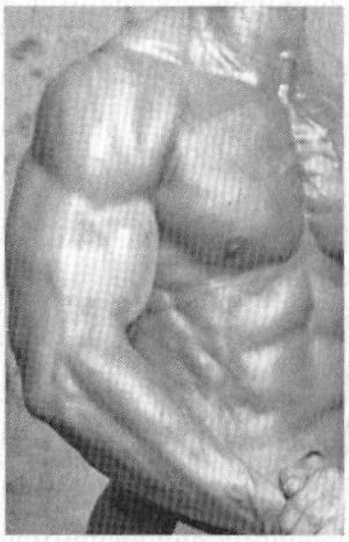

In diesem Gericht sind enthalten

- *Eiweiß* — *31 g (20 %)*
- *Fett* — *27 g (38 %)*
- *Kohlenhydrate* — *68 g (43 %)*

Frischer Obstsalat

Zutaten:

		kcal	kJ
120 g	*frische Erdbeeren*	*38*	*161*
100 g	*frische Pflaumen oder Zwetschgen*	*47*	*197*
300 g	*frische Aprikosen*	*126*	*531*
100 g	*frische Himbeeren*	*34*	*142*
30 g	*Mandeln (gehobelt)*	*171*	*715*
30 g	*Sonnenblumenkerne*	*172*	*722*
Gesamtsumme:		***588***	***2467***

Vorbereitung:

Erdbeeren und Himbeeren waschen, putzen und zerteilen. Aprikosen und Pflaumen waschen, entkernen und klein schneiden.

Zubereitung:

Nüsse und Sonnenblumenkerne unter das Obst mischen und nach Belieben mit Honig süßen.

Tipps:

Das Obst bitte erst unmittelbar vor dem Verzehr zerkleinern, da Vitamin C lichtempfindlich ist.

Für die Zubereitung eines besonders aromatischen, vitaminreichen Obstsalates kaufen Sie am besten Obstsorten der Saison (siehe Saisonkalender Seite 34.)

In diesem Gericht sind enthalten

- *Eiweiß* 18 g (13 %)
- *Fett* 32 g (50 %)
- *Kohlenhydrate* 52 g (37 %)

Kerniges Müsli mit Früchten

Zutaten:

		kcal	kJ
1/2 Tasse (75 g)	Haferkörner	265	1108
1 (150 g)	Apfel	78	326
100 g	getrocknete Aprikosen	249	1044
30 g	Sultaninen	91	381
300 g	Dickmilch	192	798
Gesamtsumme:		**875**	**3657**

Vorbereitung:

Die Haferkörner mit zwei Tassen heißem Wasser übergießen und einige Stunden (über Nacht) quellen lassen. Aprikosen und Sultaninen mit Wasser in einer zweiten Schüssel übergießen und ebenfalls über Nacht quellen lassen.

Zubereitung:

Morgens Körner und Trockenobst abtropfen lassen. Den Apfel waschen, entkernen in kleine Stücke schneiden oder raspeln; Haferkörner und Trockenobst vermengen, die Apfelstücke darüber geben; Dickmilch hinzugeben und alles gut vermengen.

Tipps:

Bitte gründlich kauen. Manchmal können ganze Getreidekörner zu Magen-Darm-Problemen führen. In diesem Fall empfiehlt sich die Verwendung von geschrotetem Sechskorn-Getreide (erhältlich im Reformhaus). Auch das Sechskorn-Getreide sollte über Nacht eingeweicht werden.

In diesem Gericht sind enthalten

- *Eiweiß* 26 g (12 %)
- *Fett* 17 g (18 %)
- *Kohlenhydrate* 144 g (69 %)

Schinken-Käse-Omelette auf Vollkornbrot

Zutaten:

		kcal	kJ
2 Eigelb		118	496
6 Eiweiß		120	499
1 TL (5 g)	Butter	37	155
2 Scheiben (40 g)	gekochter Schinken	45	189
2 Scheiben (40 g)	Gouda 45 % Fett i. Tr.	120	503
1 (60 g)	kleine Zwiebel	17	70
3 TL (9 g)	Petersilie	5	20
2 Scheiben (90 g)	Roggenvollkornbrot	169	707
Gesamtsumme:		**631**	**2640**

Empfohlene Gewürze:
frisch gemahlener schwarzer Pfeffer, Jodsalz

Vorbereitung:
Zwiebel abziehen und fein hacken.

Schinken und Käse in feine Streifen schneiden.

Petersilie waschen und fein hacken.

Zubereitung:
Eigelb und Eiweiß verrühren. Butter in einer beschichteten Pfanne schmelzen. Zwiebel in der Pfanne glasig schwitzen; Eier in die Pfanne geben; Schinken und Käse auf die Eier geben. Eier ca. 3 Minuten braten, dann zu einem Omelette zusammenklappen. Das Omelette auf den Brotscheiben anrichten, mit Petersilie bestreuen und mit Jodsalz und Pfeffer würzen.

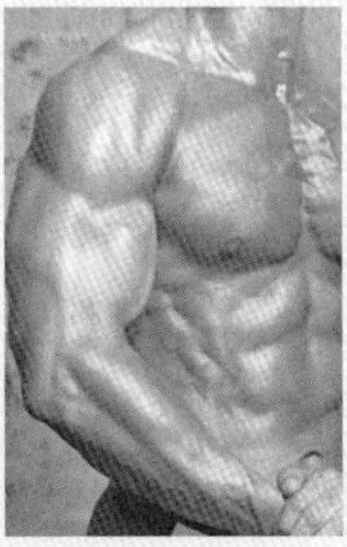

In diesem Gericht sind enthalten

- *Eiweiß* 56 g (36 %)
- *Fett* 27 g (38 %)
- *Kohlenhydrate* 40 g (25 %)

Kefirmüsli

Zutaten:

		kcal	kJ
1 (120 g)	*Apfel*	*62*	*260*
50 g	*Erdbeeren*	*16*	*67*
60 g	*Haferflocken*	*222*	*929*
1 EL (10 g)	*Fruchtzucker*	*40*	*166*
1 TL (5 g)	*Zitronensaft*	*5*	*21*
150 ml	*Kefir*	*75*	*312*
Gesamtsumme:		***420***	***1755***

Vorbereitung:

Den Apfel waschen, entkernen und grob in eine Schüssel zerraspeln.

Erdbeeren waschen, putzen und in kleine Stücke schneiden.

Zubereitung:

Apfel, Erdbeeren, Haferflocken, Fruchtzucker und Zitronensaft vermischen, die Mischung 5–10 Minuten ziehen lassen, dann Kefir darüber gießen.

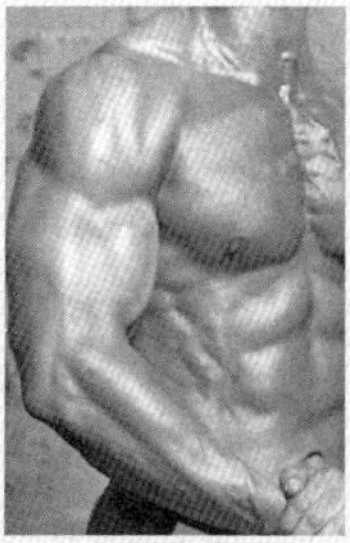

In diesem Gericht sind enthalten

- *Eiweiß* *13 g (18 %)*
- *Fett* *7 g (37 %)*
- *Kohlenhydrate* *71 g (45 %)*
- *Alkohol* *0,75 g (1 %)*

Käse-Spiegelei auf Vollkornbrot

Zutaten:

		kcal	kJ
2 Scheiben (90 g)	Roggenvollkornbrot	168	706
3 (170 g)	Eier	254	1066
2 Scheiben (60 g)	Gouda 45 % Fett i.Tr.	180	755
1 TL (5 g)	Butter	37	155
1 (60 g)	kleine Zwiebel	37	155
2 (120 g)	kleine Tomaten	17	70
4 TL (12 g)	Kresse	5	19
Gesamtsumme:		***681***	***2858***

Empfohlene Gewürze:
frisch gemahlener schwarzer Pfeffer, Jodsalz

Vorbereitung:
Tomaten waschen, putzen und in kleine Stücke schneiden.

Zwiebel schälen und in feine Würfel schneiden.

Kresse waschen.

Zubereitung:
Butter in einer beschichteten Pfanne schmelzen. Tomaten und Zwiebeln in der Pfanne ca. 2 Minuten anbraten, dabei mehrmals umrühren. Eier aufschlagen, auf das Gemüse geben und zu Spiegeleiern braten. Eier und Gemüse auf dem Vollkornbrot anrichten, mit Pfeffer und Jodsalz würzen; den Käse auf die Spiegeleier geben, mit der Kresse bestreuen.

In diesem Gericht sind enthalten

▸▸ *Eiweiß*	*44 g (26 %)*
▸▸ *Fett*	*37 g (49 %)*
▸▸ *Kohlenhydrate*	*41 g (24 %)*

Vollkornbrot mit Kräuterquark

Zutaten:

		kcal	kJ
3 Scheiben (135 g)	*Roggenvollkornbrot*	*252*	*1058*
1 TL	*Distelöl*	*44*	*184*
250 g	*Sahnequark*	*358*	*1495*
1/4 Bund	*Schnittlauch*	*2*	*7*
1/4 Bund	*Petersilie*	*3*	*13*
1/2 (30 g)	*Zwiebel*	*8*	*35*
1 (60 g)	*Tomate*	*10*	*44*
3 (30 g)	*Radieschen*	*4*	*18*
Gesamtsumme:		***682***	***2855***

Empfohlene Gewürze:
frisch gemahlener schwarzer Pfeffer, Jodsalz

Vorbereitung:

Zwiebel schälen und in feine Würfel schneiden.

Tomaten waschen, putzen und in kleine Stücke schneiden.

Schnittlauch waschen und in Röllchen schneiden.

Petersilie waschen und hacken.

Radieschen waschen und in dünne Scheiben schneiden.

Zubereitung:

Quark mit 1 Esslöffel Wasser und dem Distelöl verrühren. Dreiviertel der Mischung unter den Quark rühren, mit Pfeffer und Salz abschmecken.

Brotscheiben mit Kräuterquark bestreichen und die restliche Gemüse-Kräuter-Mischung über die Quarkbrote geben.

In diesem Gericht sind enthalten

- *Eiweiß* — *33 g (20 %)*
- *Fett* — *32 g (43 %)*
- *Kohlenhydrate* — *63 g (38 %)*

Apfel-Haferpfannkuchen

Zutaten:

		kcal	kJ
100 g	*feine Haferflocken*	*370*	*1548*
2 (40 g)	*Eigelb*	*139*	*584*
5 (200 g)	*Eiweiß*	*100*	*416*
1 EL (10 g)	*Sonnenblumenkerne*	*57*	*240*
½ (75 g)	*Apfel*	*39*	*163*
1 TL	*Butterschmalz*	*37*	*155*
Gesamtsumme:		***743***	***3106***

Vorbereitung:

Apfel waschen, halbieren, entkernen und in kleine Stücke schneiden.

Zubereitung:

Haferflocken, Eigelbe und Eiweiß vermischen; Sonnenblumenkerne einrühren; den Apfel unter das Hafer-Ei-Gemisch rühren. Teig in eine beschichtete Pfanne mit heißem Butterschmalz geben und von beiden Seiten ca. 4 Minuten braten.

In diesem Gericht sind enthalten

- *Eiweiß* 44 g (24 %)
- *Fett* 30 g (36 %)
- *Kohlenhydrate* 75 g (41 %)

Frischer Obstsalat «Tropicana»

Zutaten:

		kcal	kJ
200 g	frische Ananas	118	492
1 (200 g)	Papaya	26	108
2 TL (10 g)	Zitronensaft	9	38
30 g	Mandeln (geschälte)	171	715
3 TL (15 g)	Sonnenblumenkerne	86	361
Gesamtsumme:		**410**	**1713**

Empfohlene Gewürze:
Zimtpulver, evtl. Honig

Vorbereitung:
Ananas oben und unten begradigen, dick abschälen, vierteln, Strunk herausschneiden und das Fruchtfleisch in kleine Stücke schneiden.

Papaya schälen, Kerne herauslösen, Fruchtfleisch in kleine Stücke schneiden.

Zubereitung:
Ananas und Papaya in eine Schale geben, mit Zitronensaft übergießen. Sonnenblumenkerne und Mandeln zum Obst geben. Mit Zimt verfeinern und evtl. mit Honig süßen.

In diesem Gericht sind enthalten

- *Eiweiß* 11 g (11 %)
- *Fett* 24 g (53 %)
- *Kohlenhydrate* 36 g (36 %)

Grünkernschrotmüsli

Zutaten:		*kcal*	*kJ*
4 EL (40 g)	Grünkernschrot	130	543
1 (120 g)	Apfel	62	260
1 (90 g)	Banane	86	358
150 g	Sahnejoghurt	174	729
1 EL (10 g)	Blütenhonig	31	128
Gesamtsumme:		***482***	***2019***

Vorbereitung:

Den Grünkernschrot am Vorabend mit etwas Wasser einweichen, dann zugedeckt im Kühlschrank stehen lassen.

Morgens den Apfel waschen, entkernen und grob raspeln; die Banane schälen und in kleine Stücke schneiden.

Zubereitung:

Apfel und Banane mit dem Grünkernschrot vermischen, Sahnejoghurt untermischen.

Mit Honig süßen.

In diesem Gericht sind enthalten

- *Eiweiß* 10 g (9 %)
- *Fett* 13 g (24 %)
- *Kohlenhydrate* 79 g (67 %)

Gebratene Banane mit Vanillezucker

Zutaten:		*kcal*	*kJ*
2 (180 g)	*Bananen*	*171*	*716*
1 TL (5 g)	*Butter*	*37*	*155*
3 EL (30 g)	*gehobelte Mandeln*	*171*	*715*
2 TL (10 g)	*Vanillinzucker*	*40*	*170*
Gesamtsumme:		***419***	***1756***

Zubereitung:

Butter in einer beschichteten Pfanne schmelzen. Banane schälen, der Länge nach halbieren und in die Pfanne geben.

Die Bananenhälften pro Seite 2 bis 3 Minuten goldbraun braten. Vanillezucker über die Bananenhälften streuen und etwa eine Minute karamellisieren lassen.

Bananen aus der Pfanne nehmen und mit den gehobelten Mandeln bestreuen.

Tipp:

Lecker schmecken auch Schokostreusel, die anstelle des Vanillezuckers über die Bananen gegeben werden können.

In diesem Gericht sind enthalten

- *Eiweiß* — *8 g (7 %)*
- *Fett* — *21 g (44 %)*
- *Kohlenhydrate* — *50 g (48 %)*

Bananenreis mit Rosinen

Zutaten:		kcal	kJ
100 g	Rundkornreis	349	1463
500 ml	fettarme Milch	240	1015
1 (90 g)	Banane	86	358
30 g	Sultaninen	91	381
Gesamtsumme:		**766**	**3218**

Empfohlene Gewürze:
Zimtpulver, Staubzucker

Vorbereitung:
Reis nach Packungsangabe in 1/2 Liter Milch bissfest kochen.

Banane schälen und in kleine Stücke schneiden.

Zubereitung:
Reis in eine Schale geben, Bananen und Sultaninen untermischen, mit Staubzucker und Zimt abschmecken.

In diesem Gericht sind enthalten

- *Eiweiß* 26 g (14 %)
- *Fett* 11 g (13 %)
- *Kohlenhydrate* 138 g (73 %)

Früchtequark

Zutaten:		*kcal*	*kJ*
250 g	*Sahnequark*	*358*	*1495*
4 EL (60 g)	*natreen-Fruchtcocktail*	*21*	*88*
4 TL (20 g)	*geriebene Haselnüsse*	*127*	*532*
Gesamtsumme:		***506***	***2116***

Zubereitung:
Quark in eine Schüssel geben, Fruchtcocktail dazugeben und verrühren, mit den geriebenen Haselnüssen bestreuen, nach Belieben mit Honig süßen.

In diesem Gericht sind enthalten
- *Eiweiß* *25 g (20 %)*
- *Fett* *38 g (68 %)*
- *Kohlenhydrate* *15 g (12 %)*

Vollkorn-Schinken-Käse-Sandwich

Zutaten:

		kcal	kJ
1 Scheibe (50 g)	Weizenvollkornbrot	106	444
1 Scheibe (45 g)	Roggenvollkornbrot	84	353
2 Scheiben (60 g)	Edamer, Dreiviertelfettstufe	154	646
2 Scheiben (60 g)	gekochter Schinken	75	315
50 g	Eisbergsalat	6	28
1 Scheibe (30 g)	Ananas aus der Dose	26	110
1 (60 g)	Tomate	10	44
1 TL (10 g)	Remoulade, 65 % Fett	64	268
Gesamtsumme:		**526**	**2207**

Vorbereitung:

Eisbergsalat putzen, waschen, trockentupfen und zwei Blätter zur Seite legen.

Tomate waschen, putzen und in dünne Scheiben schneiden.

Zubereitung:

Roggenvollkornbrot mit Remoulade bestreichen; Schinken, Käse und Salatblätter im Wechsel übereinander auf das Brot legen.

Restliche Remoulade auf den Käse streichen; Tomatenscheiben und Ananas darauflegen und alles mit der Scheibe Weizenvollkornbrot abdecken.

In diesem Gericht sind enthalten

- *Eiweiß* — *37 g (29 %)*
- *Fett* — *20 g (35 %)*
- *Kohlenhydrate* — *47 g (37 %)*

Nussiges Vollkornbrot mit Milch

Zutaten:

		kcal	kJ
2 Scheiben (90 g)	Roggenvollkornbrot	168	706
4 TL (20 g)	Nussmus	132	551
2 Gläser (500 ml)	Vollmilch	320	1345
Gesamtsumme:		***620***	***2602***

Zubereitung:

Je zwei Teelöffel Nussmus auf eine Scheibe Brot streichen. Die Milch dazu trinken.

Tipp:

Besonders leckeres Nussmus gibt es im Reformhaus. Dort können Sie unter verschiedenen Sorten wie z. B. 100%igem Mandel-, Hasel-, Cashew- oder Erdnussmus wählen.

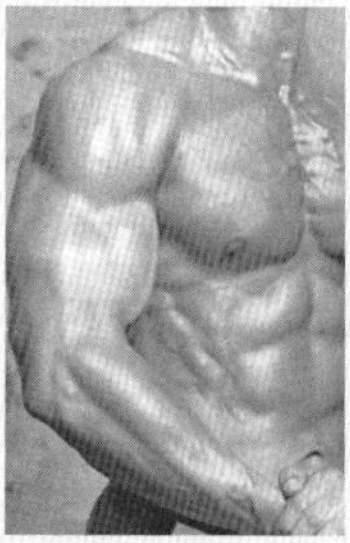

In diesem Gericht sind enthalten

- *Eiweiß* 25 g (16 %)
- *Fett* 31 g (45 %)
- *Kohlenhydrate* 60 g (39 %)

Grießpudding mit Früchten

Zutaten:

		kcal	kJ
1 Glas (250 ml)	Vollmilch	160	672
30 g	Weizengrieß	98	409
2 (80 g)	Eiweiß	40	166
1 (90 g)	Banane	86	358
2 (100 g)	frische Aprikosen	42	177
4 EL (60 g)	Fruchtcocktail (natreen)	21	88
2 Päckchen (16 g)	Vanillinzucker	61	255
Gesamtsumme:		**507**	**2126**

Empfohlenes Gewürz:
Zimtpulver

Vorbereitung:
Banane schälen und in kleine Stücke schneiden.

Aprikosen waschen, entkernen und in kleine Stücke schneiden.

Zubereitung:
Milch kurz aufkochen lassen und den Grieß unter ständigem Rühren einstreuen. Bei schwacher Hitze unter Rühren etwa 10 Minuten quellen lassen. Eiweiß steif schlagen, unter den Grieß heben und für ca. 30 Sekunden miterhitzen.

Bananen- und Aprikosenstücke mit dem Fruchtcocktail mischen, Vanillezucker darüber streuen und etwa 20 Minuten ziehen lassen.

Grieß in eine Schale füllen, das Obst darüber geben und mit einer Prise Zimt bestreuen.

In diesem Gericht sind enthalten

- *Eiweiß* 22 g (18 %)
- *Fett* 9 g (17 %)
- *Kohlenhydrate* 81 g (65 %)

Bananenquark

Zutaten:		*kcal*	*kJ*
250 g	*Magerquark*	*188*	*788*
1 (90 g)	*Banane*	*86*	*358*
3 TL (9 g)	*Zitronensaft*	*9*	*38*
Gesamtsumme:		***282***	***1183***

Zubereitung:

Quark mit 1 Esslöffel Mineralwasser glattrühren. Banane schälen, mit einer Gabel zerdrücken und in den Quark einrühren; Zitronensaft in den Quark einrühren und evtl. mit etwas flüssigem Süßstoff abschmecken.

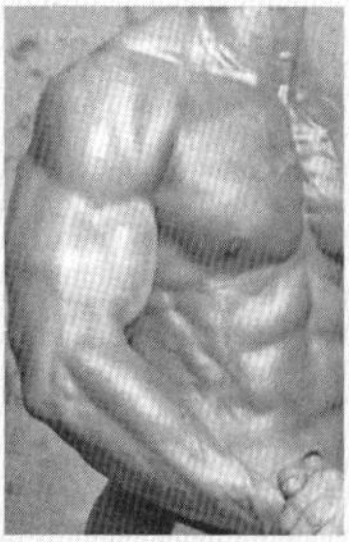

In diesem Gericht sind enthalten

- *Eiweiß* *35 g (52 %)*
- *Fett* *1 g (2 %)*
- *Kohlenhydrate* *31 g (46 %)*

Reissalat mit Roastbeef

Zutaten:

		kcal	kJ
4 Scheiben (40 g)	*Roastbeef*	52	218
2 (150 g)	*Mohrrüben*	39	162
120 g	*Vollkornreis, gar gekocht*	90	375
50 g	*frische Sojabohnensprossen*	26	108
1 (120 g)	*Orange*	56	236
20 ml (2 EL)	*Gemüsebrühe*	4	16
1 TL (5 g)	*Meerrettich*	3	13
Gesamtsumme:		**270**	**1130**

Vorbereitung:

Orange auspressen.

Mohrrüben raspeln.

Zubereitung:

Orangensaft mit der Gemüsebrühe, dem Meerrettich und etwas klein gehacktem Schnittlauch vermischen; Mohrrüben zusammen mit dem Reis und den Sojasprossen unter die Soße mischen und mit Salz und Pfeffer abschmecken.

Roastbeefscheiben dekorativ auf einen Teller legen, die Sauce mit dem Reis darüber geben und kurz durchziehen lassen.

In diesem Gericht sind enthalten

- *Eiweiß* 17 g (25 %)
- *Fett* 4 g (13 %)
- *Kohlenhydrate* 40 g (61 %)

Karottenbratlinge

Zutaten:		kcal	kJ
300 g	Mohrrüben	78	324
70 g	Sahnequark	100	419
3 EL (30 g)	Haferflocken	111	464
3 EL (30 g)	geriebener Gouda	90	377
1 EL (5 g)	Petersilie	3	11
2 EL (20 g)	Kürbiskerne (grün, geschält)	112	469
1 EL (10 g)	Distelöl	88	368
Gesamtsumme:		**582**	**2432**

Empfohlene Gewürze:
Jodsalz, schwarzer Pfeffer aus der Mühle

Vorbereitung:
Mohrrüben waschen, schälen und klein schneiden.

Petersilie waschen und fein hacken.

Zubereitung:
Mohrrüben in wenig Wasser und etwas Salz bissfest garen, abtropfen lassen, zusammen mit dem Sahnequark in einem Mixer pürieren. Haferflocken, Gouda und die Petersilie dazugeben, alles gut vermischen, mit Salz und Pfeffer abschmecken.

Aus der Masse Bratlinge formen, diese in den Kürbiskernen wälzen, sodass die Kerne gut haften bleiben.

Distelöl in einer beschichteten Pfanne erhitzen und die Bratlinge von beiden Seiten ca. 4 bis 5 Minuten braten.

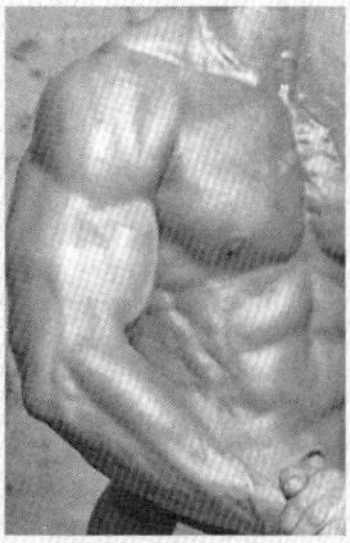

In diesem Gericht sind enthalten
- Eiweiß 25,51 g (18 %)
- Fett 35,69 g (55 %)
- Kohlenhydrate 38,84 g (27 %)

Linsen-Kokos-Suppe

Zutaten:

		kcal	kJ
80 g	rote Linsen	247	1034
1 (60 g)	Zwiebel	17	70
2 (10 g)	Knoblauchzehen	14	59
2 EL (20 g)	Kokosflocken	122	511
3 EL (30 g)	Kokosmilch	7	31
Gesamtsumme:	**407**	**1706**	

Empfohlenes Gewürz:
frisch geriebener Ingwer

Vorbereitung:
Linsen unter fließendem Wasser waschen.

Zwiebel und Knoblauch schälen und in kleine Stücke schneiden.

Zubereitung:
Linsen in einen Topf geben, mit der zwei- bis dreifachen Menge kaltem Wasser aufsetzen und zum Kochen bringen; Zwiebel und Knoblauch dazugeben und bei schwacher Hitze etwa 25 Minuten garen. Kurz vor Ende der Garzeit die Kokosmilch einrühren.

Linsensuppe in einem tiefen Teller anrichten und mit frisch geriebenem Ingwer und den Kokosraspeln bestreuen.

Tipp:
Frischer Ingwer sollte stets kurz vor dem Servieren über das Gericht gestreut werden. Ingwerpulver kann mitgekocht werden.

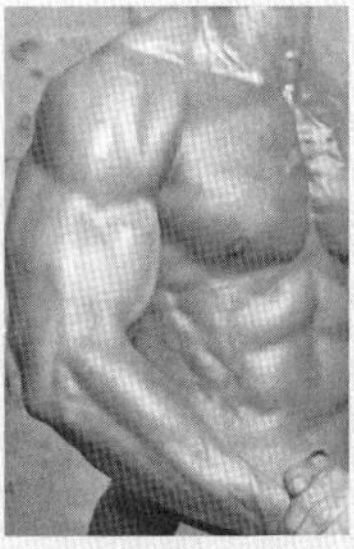

In diesem Gericht sind enthalten

- *Eiweiß* 21 g (21 %)
- *Fett* 14 g (31 %)
- *Kohlenhydrate* 48 g (48 %)

Röstkartoffeln mit Gemüsequark

Zutaten:

		kcal	kJ
5 (500 g)	Kartoffeln	355	1490
2 (200 g)	Mohrrüben	52	216
1/2 (120 g)	Knollensellerie	20	84
1 (60 g)	Zwiebel	17	70
2 (10 g)	Knoblauchzehen	14	59
1/2 (150 g)	Salatgurke	18	76
250 g	Quark, 20 % Fett i. Tr.	250	1045
2 TL (10 g)	Distelöl	88	368
Gesamtsumme:		**814**	**3409**

Empfohlene Gewürze:
Pfeffer und Jodsalz

Vorbereitung:
Kartoffeln gründlich waschen, ca. 15 bis 20 Minuten in Salzwasser gar kochen, abgießen, pellen und in mundgerechte Stücke schneiden.

Möhren und Sellerie waschen und schälen.

Salatgurke waschen, halbieren und mit einem Teelöffel die Kerne entfernen.

Zwiebel und Knoblauch abziehen und in feine Würfel schneiden.

Zubereitung:
Quark mit einem Esslöffel Wasser glattrühren, Gemüse hinzugeben und unterrühren, mit Jodsalz und Pfeffer würzen. Kartoffeln in einer Pfanne mit heißem Öl etwa 10 Minuten unter mehrmaligem Wenden anbraten.

Gemüsequark in die Mitte eines Tellers geben und die Kartoffeln drumherum anrichten.

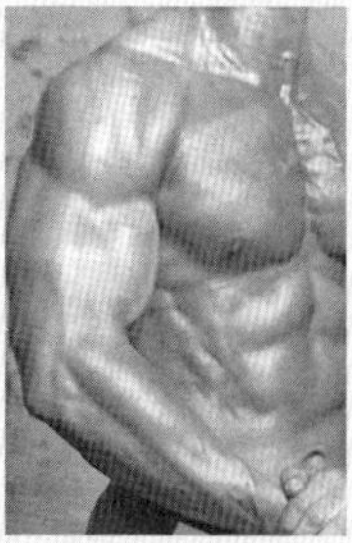

In diesem Gericht sind enthalten

- *Eiweiß* 43 g (22 %)
- *Fett* 23 g (25 %)
- *Kohlenhydrate* 104 g (53 %)

Bunte Reispfanne

Zutaten:

		kcal	kJ
125 g	Vollkornreis im Kochbeutel	436	1829
1/2 (75 g)	grüne Paprika	15	64
1/2 (75 g)	rote Paprika	28	116
1 (120 g)	Gemüsezwiebel	34	140
2 (10 g)	Knoblauchzehen	14	59
1 (120 g)	Zucchini	38	160
2 (120 g)	Tomaten	20	88
2 TL (10 g)	Distelöl	88	368
Gesamtsumme:		**673**	**2824**

Empfohlene Gewürze:
Curry, Pfeffer und Jodsalz

Vorbereitung:
Reis nach Packungsanleitung in Salzwasser bissfest kochen.

Paprika putzen, entkernen, waschen und in kleine Stücke schneiden.

Tomaten und Zucchini waschen und in kleine Stücke schneiden.

Zwiebel und Knoblauch abziehen und fein hacken.

Zubereitung:
Gemüse zusammenmischen und in einer Pfanne mit dem erhitzten Öl für ca. 3 bis 4 Minuten unter mehrmaligem Umrühren anbraten. Reis zum Gemüse geben, unterrühren und das Gericht mit Curry, Pfeffer und Jodsalz abschmecken.

In diesem Gericht sind enthalten

- *Eiweiß* — *17 g (10 %)*
- *Fett* — *15 g (20 %)*
- *Kohlenhydrate* — *115 g (70 %)*

Gebratenes Rotbarschfilet mit Kartoffeln

Zutaten:		kcal	kJ
300 g	Rotbarschfilet	375	1575
2 TL (10 g)	Butter	74	310
3 (300 g)	Kartoffeln	213	894
2 (120 g)	Zwiebeln	34	140
2 TL (20 g)	Remouladensoße	128	535
Gesamtsumme:		**823**	**3455**

Empfohlene Gewürze:
frischer Kerbel, Pfeffer und Jodsalz

Vorbereitung:

Kartoffeln gründlich waschen.

Rotbarschfilet unter fließendem Wasser abspülen und mit Küchenpapier trockentupfen.

Zwiebeln schälen und entweder in feine Ringe schneiden oder hobeln.

Kerbel waschen und hacken.

Zubereitung:

Kartoffeln 20 bis 25 Minuten in Salzwasser gar kochen.

Butter in einer beschichteten Pfanne schmelzen; Fisch und Zwiebel in die Pfanne geben; den Fisch 8 bis 10 Minuten lang braten, bis er gar ist. Dabei ein- oder zweimal wenden; mit Salz und Pfeffer würzen.

Kartoffeln abgießen, pellen, in mundgerechte Stücke schneiden und in Butter anschwenken, auf einem Teller anrichten. Fischfilet und Zwiebeln dazugeben, mit dem frisch gehackten Kerbel überstreuen.

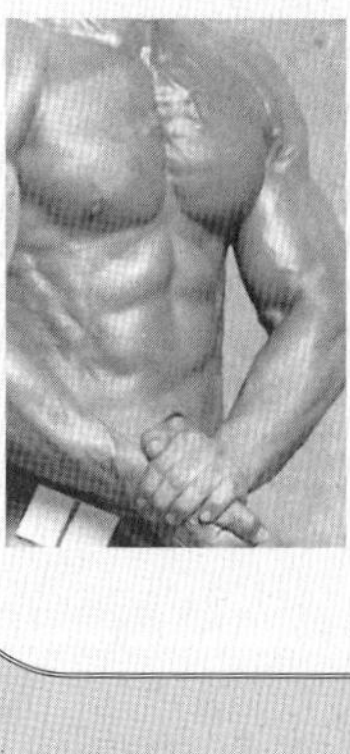

Dazu die Remouladensauce und die Kartoffeln servieren.

In diesem Gericht sind enthalten

- Eiweiß 73 g (36 %)
- Fett 36 g (39 %)
- Kohlenhydrate 51 g (25 %)

Hähnchengeschnetzeltes mit Reis

Zutaten:

		kcal	kJ
200 g	*Hähnchenbrustfilet*	*204*	*852*
125 g	*Vollkornreis im Kochbeutel*	*436*	*1829*
1 (120 g)	*Gemüsezwiebel*	*34*	*140*
4 (240 g)	*Tomaten*	*41*	*175*
1/4 Bund	*frische Petersilie*	*3*	*13*
1/4 Bund	*frischer Schnittlauch*	*2*	*7*
2 TL (10 g)	*Distelöl*	*88*	*368*
Gesamtsumme:		***807***	***3385***

Empfohlene Gewürze: *Curry, frisch gemahlener schwarzer Pfeffer, Jodsalz*

Vorbereitung: *Hähnchen unter fließendem Wasser abspülen, trockentupfen und in fingerdicke Streifen schneiden.*

Gemüsezwiebel schälen und in Würfel schneiden.

Tomaten am Strunk leicht über Kreuz einschneiden und kurz in kochendes Wasser legen. Herausnehmen, häuten, die Kerne entfernen und das Fruchtfleisch klein schneiden.

Petersilie waschen und hacken, Schnittlauch ebenfalls waschen und in Röllchen schneiden.

Zubereitung: *Reis nach Packungsanleitung in Salzwasser bissfest kochen. Öl in einer beschichteten Pfanne erhitzen und die Zwiebel darin andünsten; Tomatenstücke dazugeben. Zwiebel und Tomaten ca. 8 Minuten dünsten lassen. In einer zweiten beschichteten Pfanne einen Teelöffel Öl erhitzen und das Fleisch unter mehrmaligem Rühren durchbraten. Mit Jodsalz, Curry und Pfeffer würzen.*

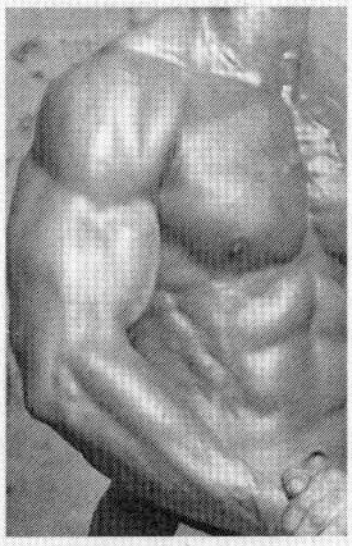

Reis auf einen Teller geben, Gemüse und Fleisch mischen, Petersilie und Schnittlauch dazugeben, abschmecken und alles zusammen auf dem Reis anrichten.

In diesem Gericht sind enthalten

- *Eiweiß* — *60 g (30 %)*
- *Fett* — *15 g (17 %)*
- *Kohlenhydrate* — *105 g (53 %)*

Feurige Vollkornnudeln mit Schinkenstreifen

Zutaten:

		kcal	kJ
200 g	*Vollkornteigwaren*	*646*	*2702*
5 Scheiben (150 g)	*Schinken gekocht, ungeräuchert*	*170*	*708*
2 EL (20 g)	*Tomatenmark*	*15*	*62*
1 (60 g)	*Zwiebel, frisch*	*17*	*70*
1 (15 g)	*Chilischote*	*6*	*24*
1 EL (10 g)	*Distelöl*	*88*	*368*
3 EL (30 g)	*geriebener Parmesankäse*	*132*	*553*
Gesamtsumme:		***1073***	***4487***

Empfohlene Gewürze: *Basilikum, Jodsalz, Pfeffer aus der Mühle*

Vorbereitung: *Vollkornnudeln nach Packungsanleitung in Salzwasser gar kochen und abgießen.*

Zwiebel abziehen und mit der Chilischote in kleine Würfel schneiden.

Schinken in Streifen schneiden.

Zubereitung: *Öl in einer beschichteten Pfanne erhitzen, die Zwiebel und die Chilischote darin anbraten. Tomatenmark unterrühren und mit 50 ml Wasser aufgießen. Diese Sauce mit den Schinkenstreifen und Nudeln vermengen und mit Jodsalz, Pfeffer und frisch gehacktem Basilikum abschmecken. Anrichten und den Parmesankäse darüber streuen.*

Tipps: *Statt gekochter Schinken kann auch geräucherte Putenbrust verwendet werden.*

Wem die frische Chilischote zu scharf ist, der kann auch eingelegte Peperoni im Glas nehmen, je nach persönlichem Geschmack mild oder scharf.

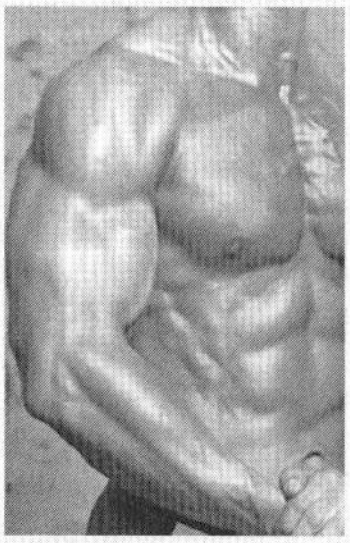

In diesem Gericht sind enthalten

- *Eiweiß* — *66 g (25 %)*
- *Fett* — *31 g (26 %)*
- *Kohlenhydrate* — *129 g (49 %)*

Pellkartoffeln mit Tsatsiki und Leinöl

Zutaten:		*kcal*	*kJ*
4 (360g)	Kartoffeln	256	1073
250 g	Quark, 20 % Fett i. Tr.	250	1045
1 (150 g)	Salatgurke	18	76
2–4 (20 g)	Knoblauchzehen	28	119
1 (60 g)	Zwiebel	17	70
2 EL (20 g)	Leinöl	176	736
Gesamtsumme:		***745***	***3120***

Empfohlene Gewürze: *frisch gemahlener schwarzer Pfeffer, Jodsalz*

Vorbereitung: *Kartoffeln waschen.*
Gurke waschen und in kleine Stücke schneiden.
Knoblauch und Zwiebel schälen und in feine Würfel schneiden.

Zubereitung: *Kartoffeln mit Schale ca. 20 Minuten in Salzwasser gar kochen. Quark mit einem Esslöffel Leinöl und etwas Wasser glattrühren, Gurke, Knoblauch und Zwiebel unter den Quark rühren und mit Pfeffer und Salz abschmecken. Kartoffeln abgießen, pellen und auf einen Teller legen; restliches Leinöl über die Kartoffeln verteilen und dazu den Quark servieren.*

Tipps: *Kochen Sie die Kartoffeln mit der Schale, denn unter der Schale sitzen die meisten Vitamine, diese werden dadurch nicht ausgelaugt.*
Wenn Ihnen Leinöl zu bitter schmeckt, können Sie natürlich auch anderes Öl, z. B. Distel- oder Sonnenblumenöl, verwenden.

In diesem Gericht sind enthalten

- *Eiweiß* 37 g (21 %)
- *Fett* 32 g (39 %)
- *Kohlendydrate* 74 g (41 %)

Gedünsteter Kabeljau mit Kartoffeln

Zutaten:		**kcal**	**kJ**
300 g	*Kabeljaufilet*	*270*	*1125*
3 (270 g)	*Kartoffeln*	*192*	*805*
2 TL (10 g)	*Butter*	*74*	*310*
1 (60 g)	*Zwiebel*	*17*	*70*
2 TL (6 g)	*geriebener Meerrettich (frisch oder im Glas)*	*4*	*16*
Gesamtsumme:		***556***	***2326***

Empfohlene Gewürze:
frischer Kerbel, Jodsalz, Pfeffer aus der Mühle, 1 Lorbeerblatt, 4 Wacholderbeeren

Vorbereitung:
Kartoffeln gründlich waschen, ca. 25 Minuten in Salzwasser gar kochen, abgießen, pellen und in Scheiben schneiden.

Kabeljau unter fließendem Wasser abbrausen.

Kerbel fein hacken.

Zwiebel abziehen und klein schneiden.

Zubereitung:
Zwiebel mit 500 ml Wasser in einem Topf aufkochen lassen. Den Sud mit Jodsalz, Lorbeerblatt und Wacholder würzen. Den Fisch dazulegen und bei schwacher Hitze 10 bis 15 Minuten dünsten. Kartoffeln anrichten; das Fischfilet vorsichtig herausheben und mit anrichten.

Butter in einem kleinen Topf auf dem Herd zum Schmelzen bringen, bis sie flüssig ist; dann über den Fisch und die Kartoffeln gießen. Den Meerrettich und den fein gehackten Kerbel über den Fisch geben.

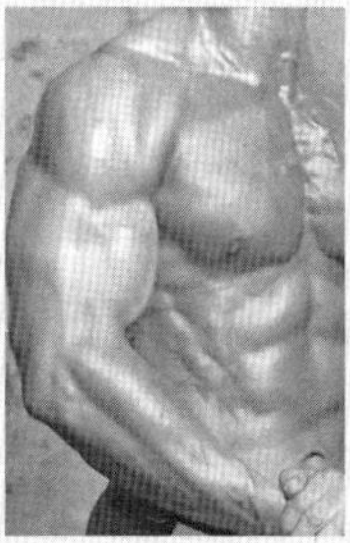

In diesem Gericht sind enthalten
- *Eiweiß* — *67 g (50 %)*
- *Fett* — *11 g (18 %)*
- *Kohlenhydrate* — *44 g (32 %)*

Reis mit Huhn und frischer Ananas

Zutaten:			
		kcal	***kJ***
2 Tassen (120 g)	*Vollkornreis*	*419*	*1756*
200 g	*Hähnchenbrustfilet*	*204*	*852*
300 g	*frische Ananas*	*177*	*738*
Gesamtsumme:		***800***	***3346***

Empfohlene Gewürze:
frisch gemahlener schwarzer Pfeffer, Curry, Jodsalz

Vorbereitung:
Hähnchenbrustfilet unter fließendem Wasser abspülen, trockentupfen, salzen und pfeffern.

Ananas oben und unten begradigen, dick abschälen, vierteln, den Strunk herausschneiden und das Fruchtfleisch in kleine Stücke schneiden.

Zubereitung:
Reis mit der doppelten Menge Wasser so lange kochen, bis dieser bissfest ist. Hähnchenbrustfilet in einer heißen, beschichteten Pfanne ohne Fettzugabe rundherum braten.

Reis auf einen Teller geben, mit Curry würzen; gebratene Hühnerbrust in kleine Stücke schneiden und auf den Reis geben. Die Ananasstücke um den Reis anrichten.

In diesem Gericht sind enthalten

▸▸ *Eiweiß*	*57 g (29 %)*
▸▸ *Fett*	*4 g (5 %)*
▸▸ *Kohlenhydrate*	*128 g (66 %)*

Vollkornnudeln mit Käse-Spinat-Sauce

Zutaten:

		kcal	kJ
200 g	Vollkornnudeln	646	2702
3 EL (30 g)	Schlagsahne	107	449
30 g	Gorgonzola	107	448
300 g	frischer Spinat	51	219
1 (5 g)	Knoblauchzehe	7	30
1/2 (40 g)	Zwiebel	12	54
1 TL (5 g)	Distelöl	44	184
Gesamtsumme:		**975**	**4085**

Empfohlene Gewürze:
Jodsalz, schwarzer Pfeffer aus der Mühle, geriebene Muskatnuss

Vorbereitung:
Zwiebel abziehen und fein hacken.

Knoblauch abziehen und durch eine Knoblauchpresse drücken.

Spinat waschen, verlesen und fein hacken.

Gorgonzola würfeln.

Zubereitung:
Nudeln laut Anweisung auf der Packung in Salzwasser bissfest kochen.

Distelöl in einer Pfanne erhitzen. Knoblauch und Zwiebel dazugeben und kurz andünsten, Spinat dazugeben und ca. 5 Minuten mitdünsten. Gorgonzola mit Sahne glattrühren und zum Spinat geben. Mit Jodsalz abschmecken. Pfeffer und Muskatnuss dazugeben und kurz köcheln lassen. Nudeln in eine Schüssel geben und mit der Sauce servieren.

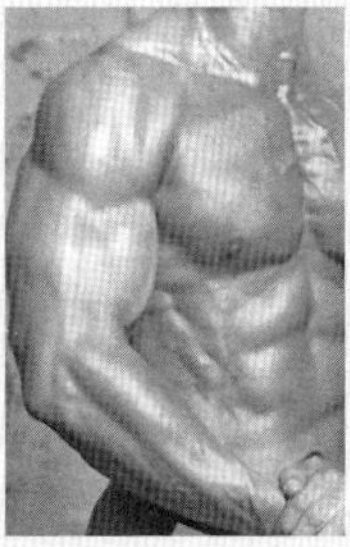

In diesem Gericht sind enthalten

- *Eiweiß* 42 g (17 %)
- *Fett* 32 g (29 %)
- *Kohlenhydrate* 128 g (53 %)

Bohnen mexikanische Art

Zutaten:		***kcal***	***kJ***
80 g	*weiße Bohnen*	*210*	*881*
1 TL (5 g)	*Gemüse-Hefebrühe (für 500 ml Wasser)*	*11*	*48*
2 (120 g)	*Zwiebeln*	*34*	*140*
2 (30 g)	*frische Chilischoten*	*11*	*48*
2 (10 g)	*Knoblauchzehen*	*14*	*59*
1 TL (5 g)	*Butter*	*37*	*155*
2 EL (20 g)	*Tomatenmark*	*15*	*62*
80 g	*Schafskäse*	*189*	*792*
1 (90 g)	*Baguette-Brötchen*	*227*	*948*
Gesamtsumme:		***748***	***3133***

Empfohlene Gewürze: *Jodsalz, Chilipulver*

Vorbereitung: *Bohnen waschen und über Nacht in 500 ml Gemüsebrühe einweichen.*
Zwiebeln und Knoblauch abziehen und fein hacken.
Chilischoten waschen und in feine Streifen schneiden.
Schafskäse reiben.

Zubereitung: *Butter in einem Topf erhitzen und Zwiebeln, Knoblauch und Chilischoten darin anschwitzen; Bohnen und Gemüsebrühe sowie Tomatenmark hinzugeben. Die Bohnen ungefähr eine Stunde weich kochen, eventuell Gemüsebrühe nachgießen. Schafskäse dazugeben. Mit Salz, Chilipulver und Pfeffer abschmecken, dazu das Baguette-Brötchen reichen.*

Tipp: *Bohnen gehören zu den Hülsenfrüchten. Sie enthalten hochwertiges pflanzliches Eiweiß und reichlich komplexe Kohlenhydrate.*

In diesem Gericht sind enthalten

- *Eiweiß* *42 g (23 %)*
- *Fett* *23 g (27 %)*
- *Kohlenhydrate* *92 g (50 %)*

Gekochte Hirse mit Curry-Huhn

Zutaten:		*kcal*	*kJ*
80 g	*Hirsekörner*	*265*	*1107*
200 g	*Hähnchenbrustfilet*	*204*	*852*
2 TL (10 g)	*Gemüse-Hefebrühe*	*23*	*96*
1 (60 g)	*Zwiebel*	*17*	*70*
1/4 Bund	*Petersilie*	*5*	*20*
1 TL (5 g)	*Distelöl*	*44*	*184*
Gesamtsumme:		***557***	***2329***

Empfohlene Gewürze:
Curry, Jodsalz, Pfeffer

Vorbereitung:
Hirse waschen und gut abtropfen lassen.

Zwiebel schälen und fein hacken.

Hähnchenbrust unter fließendem Wasser abspülen, trockentupfen und in fingerdicke Streifen schneiden.

Petersilie waschen und hacken.

Zubereitung:
Hirse mit 400 ml Wasser und dem Brühpulver erhitzen. Kurz vor dem Siedepunkt zurückschalten und die gehackte Zwiebel zur Hirse geben. Bei schwacher Hitze ca. 15 bis 20 Minuten ausquellen lassen.

Die Hähnchenbrust in einer beschichteten Pfanne im erhitzten Öl unter mehrmaligem Wenden gut durchbraten; die Hirse dazugeben, unterrühren. Das Gericht anrichten, mit Curry, Jodsalz und Pfeffer abschmecken und mit Petersilie bestreuen.

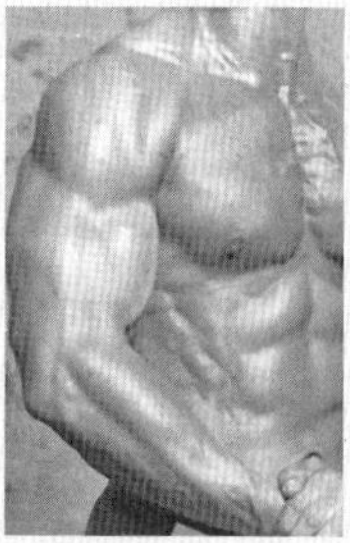

Tipp:
Hirse enthält besonders viel Kieselsäure und ist damit gut für das Bindegewebe.

In diesem Gericht sind enthalten

▸▸ *Eiweiß*	*58 g (42 %)*
▸▸ *Fett*	*11 g (17 %)*
▸▸ *Kohlenhydrate*	*56 g (40 %)*

Knusprige Bratkartoffeln mit Spiegelei

Zutaten:		**kcal**	**kJ**
4 (360 g)	Kartoffeln	256	1073
3 (165 g)	Eier	254	1066
2 (120 g)	Tomaten	20	88
1 (60 g)	Zwiebel	17	70
1 TL (5 g)	Butter	37	155
Gesamtsumme:		***584***	***2452***

Empfohlene Gewürze:
Jodsalz, Pfeffer, frischer Thymian

Vorbereitung:
Kartoffeln gründlich waschen, ca. 15 bis 20 Minuten in Salzwasser fast gar kochen, abgießen, pellen und in Scheiben schneiden.

Zwiebel abziehen und in Streifen schneiden.

Tomaten waschen, Stielansatz herausschneiden und in kleine Stücke schneiden.

Thymian waschen, Blätter abzupfen und fein hacken.

Zubereitung:
Kartoffeln in einer Pfanne mit der erhitzten Butter von allen Seiten braten; Zwiebel und Tomaten hinzugeben, Eier verquirlen, auf die Kartoffeln und das Gemüse geben, nach ca. 2 bis 3 Minuten alles in der Pfanne wenden. Mit Salz und Pfeffer würzen. Auf einem Teller anrichten und mit frisch gehacktem Thymian bestreuen.

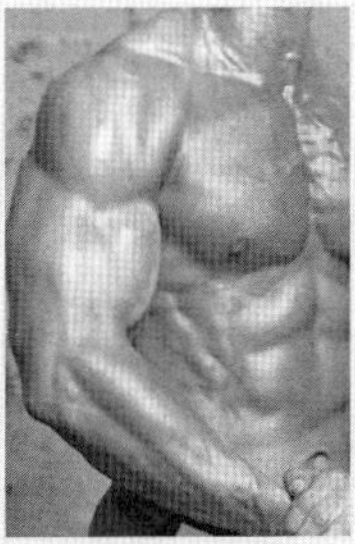

Tipp:
Thymian verfeinert Speisen durch seine leichte Schärfe. Dieses Kraut passt besonders gut zu fettreicherem Essen, da es die Verdauung fördert. Statt frischer Thymian kann auch getrockneter verarbeitet werden. Aber Achtung: Getrockneter Thymian besitzt die dreifache Würzkraft!

In diesem Gericht sind enthalten

▸▸ *Eiweiß*	*31 g (21 %)*
▸▸ *Fett*	*23 g (36 %)*
▸▸ *Kohlenhydrate*	*61 g (42 %)*

Saftiges Rumpsteak mit Kräuterbutter und Salat

Zutaten:

		kcal	kJ
300 g	Rumpsteak	390	1638
2 TL (10 g)	Kräuterbutter	62	259
1 (200 g)	Chicorée	34	144
1 (300 g)	Radicchio	42	171
1 (300 g)	Kopfsalat	36	147
50 g	Sojasprossen	26	108
3 EL (15 g)	Kresse	6	24
2 TL (10 g)	Distelöl	88	368
Gesamtsumme:		**684**	**2860**

Empfohlene Gewürze: *frisch gemahlener Pfeffer, Jodsalz; für den Salat: Zitronensaft und flüssiger Süßstoff*

Vorbereitung: *Kopfsalat- und Radicchio putzen (äußere, welke Blätter entfernen), waschen und abtropfen lassen bzw. trockenschleudern. In mundgerechte Stücke zupfen. Chicorée putzen, waschen und in feine Streifen schneiden. Zitrone auspressen. Das Fleisch unter fließendem Wasser abspülen und trockentupfen. Sojasprossen und Kresse waschen.*

Zubereitung: *Kopfsalat- und Radicchiostücke in eine große Schale legen; Chicorée unter den Salat mischen; zwei Teelöffel Zitronensaft und einige Spritzer Süßstoff mit einem Esslöffel Wasser vermischen und über den Salat geben.*

Öl in einer Pfanne erhitzen, das Fleisch von jeder Seite zwei bis drei Minuten scharf anbraten, salzen und pfeffern und aus der Pfanne nehmen. In Alufolie wickeln und bei 80 °C warm stellen, von den Sojasprossen und der Kresse je die Hälfte auf den Salat geben.

Rumpsteak aus der Alufolie nehmen, auf einen Teller legen und die Kräuterbutter daraufgeben; restliche Sojasprossen und Kresse auf das Steak geben, das Fleisch zusammen mit dem Salat anrichten.

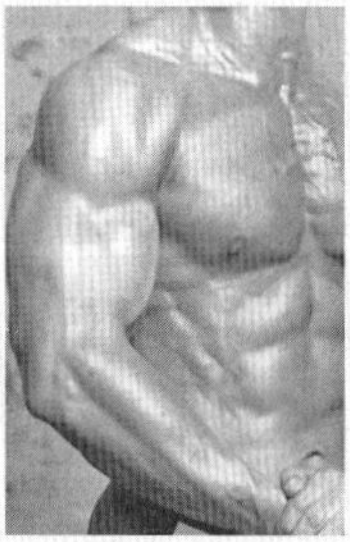

In diesem Gericht sind enthalten

- *Eiweiß* 81 g (48 %)
- *Fett* 33 g (43 %)
- *Kohlenhydrate* 15 g (9 %)

Rindersteak mit Folienkartoffeln und Paprikasauce

Zutaten:

		kcal	kJ
200 g	Rinderfilet	242	1016
1 TL (5 g)	Butterschmalz	44	184
2 (200 g)	Kartoffeln	142	596
1/2 (40 g)	grüne Paprika	8	34
1/2 (40 g)	rote Paprika	15	62
2 (20 g)	Knoblauchzehen	28	119
1 TL (5 g)	Distelöl	44	184
3 EL (30 g)	Schlagsahne	107	449
1/2 TL (2 g)	frische Pfefferschoten	2	8
2 EL (20 g)	Quark, 20 % Fett i. Tr.	20	84
3 EL (30 g)	Magerjoghurt	11	48
1/4 Bund	Schnittlauch	1	6
Gesamtsumme:		***665***	***2789***

Empfohlene Gewürze: *Jodsalz, Petersilie, schwarzer Pfeffer aus der Mühle*

Vorbereitung: *Paprikaschoten waschen, halbieren, entkernen und in feine Streifen schneiden. Eine Knoblauchzehe schälen und fein hacken. Die Pfefferschote fein hacken. Petersilie waschen und fein hacken.*

Kartoffeln waschen. Filetsteak abspülen, trockentupfen und leicht pfeffern.

Für den Dip: Die Knoblauchzehe zerdrücken, Schnittlauch waschen und in Röllchen schneiden.

Zubereitung: *Backofen auf 200 Grad vorheizen. Distelöl in einem Topf erhitzen, die Paprikaschoten kurz darin andünsten; Sahne angießen, Knoblauch und Pfefferschote dazugeben, Paprika ca. 12 Minuten bissfest garen. Mit Salz und Petersilie abschmecken, dann zugedeckt warm stellen.*

Für den Dip: Quark, Joghurt, Schnittlauch und die zerdrückte Knoblauchzehe verrühren, mit Salz und Pfeffer abschmecken.

Kartoffeln in Alufolie einwickeln und im Backofen ca. 40 Minuten garen. Filetsteak in Butterschmalz von beiden Seiten braten.

Kartoffeln aus dem Ofen nehmen, oben einritzen, den Quarkdip aufdrücken, das Steak dazulegen und mit der Sauce anrichten.

In diesem Gericht sind enthalten

- *Eiweiß* — *53 g (32 %)*
- *Fett* — *31 g (42 %)*
- *Kohlenhydrate* — *42 g (26 %)*

Pikanter Gemüsereis mit Rindfleisch

Zutaten:			
		kcal	***kJ***
200 g	*Rinderfilet*	*242*	*1016*
125 g	*Vollkornreis*	*436*	*1829*
3 (15 g)	*Knoblauchzehen*	*21*	*89*
1 (150 g)	*grüne Paprika*	*30*	*128*
1 (150 g)	*rote Paprika*	*56*	*231*
Gesamtsumme:		***785***	***3292***

Empfohlene Gewürze:
bunte Pfeffermischung, Jodsalz

Vorbereitung:
Reis nach Packungsanleitung in Salzwasser bissfest kochen, abgießen.

Paprikaschoten waschen, halbieren, entkernen und klein schneiden.

Knoblauchzehen abziehen und fein zerschneiden.

Rinderfilet in Streifen schneiden.

Zubereitung:
Fleisch, Paprikastücke und Knoblauch kalt abbrausen, trockentupfen und in einer beschichteten Pfanne 5 Minuten lang braten, dabei mehrmals durchrühren. Reis zum Fleisch und dem Gemüse in die Pfanne geben. Alles zusammen weitere 2 Minuten braten, dabei mehrmals umrühren. Mit Pfeffer und Salz abschmecken. Auf einem Teller anrichten und servieren.

Tipp:
Einige Spritzer roter Tabasco geben diesem Gericht zusätzliche Schärfe.

In diesem Gericht sind enthalten

- *Eiweiß* *56 g (29 %)*
- *Fett* *12 g (14 %)*
- *Kohlenhydrate* *111 g (57 %)*

Reis mit süßsaurem Hühnerbrustfilet

Zutaten:

		kcal	kJ
125 g	Vollkornreis	436	1829
200 g	Hühnerbrustfilet	204	852
3 (180 g)	Zwiebeln	50	211
1 (150 g)	rote Paprika	56	231
4 Scheiben (120 g)	Ananas aus der Dose	104	438
2 TL (10 g)	Distelöl	88	368
1 TL (5 g)	Weizenstärke	18	74
1 EL (10 g)	Essig	2	8
2 EL (20 g)	Orangensaft	9	38
2 EL (20 g)	Sojasoße	14	59
3 EL (30 g)	Ananasnektar	21	88
2 EL (20 g)	Tomatenketchup	22	92
Gesamtsumme:		**1024**	**4287**

Empfohlene Gewürze: *Cayennepfeffer, Jodsalz*

Vorbereitung: *Hühnerbrust unter fließendem Wasser abspülen, trockentupfen und in fingerdicke Streifen schneiden. Zwiebeln abziehen und in Streifen schneiden. Paprika entkernen, waschen und in Streifen schneiden. Ananasscheiben in kleine Stücke schneiden. Hühnerfleisch mit etwas Cayennepfeffer und Salz würzen.*

Zubereitung: *Reis nach Packungsanleitung in Salzwasser bissfest kochen. Öl in einer beschichteten Pfanne erhitzen. Fleisch und Zwiebeln scharf anbraten und ca. 5 Minuten bei mittlerer Hitze braten, dabei mehrmals umrühren. Ananas und Paprika hinzugeben und weitere 2 Minuten braten.*

Weizenstärke mit 2 Esslöffeln Wasser glattrühren, die restlichen Zutaten für die Sauce miteinander verrühren, zum Fleisch und Gemüse geben und kurz aufkochen. Mit der angerührten Speisestärke binden und mit Sojasauce abschmecken. Dazu den Reis servieren.

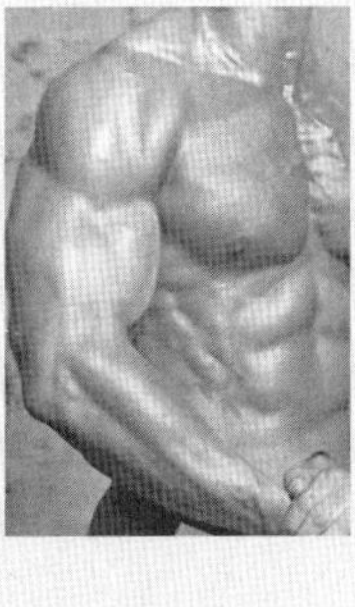

Tipp: *Statt Hühnerfleisch Putenbrustfilet.*

In diesem Gericht sind enthalten

- *Eiweiß* 63 g (25 %)
- *Fett* 15 g (14 %)
- *Kohlenhydrate* 153 g (61 %)

Leckere Chinapfanne

Zutaten:

		kcal	kJ
125 g	Vollkornreis	436	1829
200 g	Rinderfilet	242	1016
2 (260 g)	Mohrrüben	68	281
1 (60 g)	Zwiebel	17	70
100 g	Champignons	15	64
2 EL (20 g)	Sojasoße	14	59
Gesamtsumme:		**792**	**3319**

Empfohlene Gewürze:
Jodsalz, rote Tabascosauce

Vorbereitung:
Reis nach Packungsanleitung in Salzwasser bissfest kochen.
Rindfleisch kalt abbrausen, trockentupfen und in dünne Scheiben schneiden.
Mohrrüben waschen und in schmale Streifen schneiden.
Zwiebel schälen und in feine Streifen schneiden.
Pilze putzen, mit Küchenkrepp abreiben und in feine Streifen schneiden.

Zubereitung:
Fleisch in einer beschichteten Pfanne kurz anbraten, dann herausnehmen. Gemüse und Pilze in die Pfanne geben und gar braten, dabei mehrmals durchrühren. Wenn das Gemüse gar ist, das Fleisch wieder hinzugeben und durchbraten. Mit Sojasauce, Jodsalz und Tabasco abschmecken.
Reis auf die Mitte eines Tellers geben und das Fleisch und das Gemüse darum anrichten.

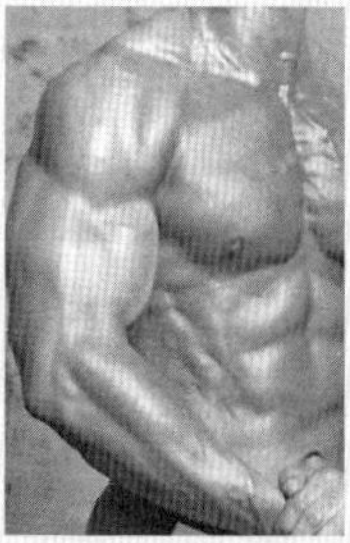

In diesem Gericht sind enthalten

- Eiweiß 59 g (30 %)
- Fett 12 g (13 %)
- Kohlenhydrate 110 g (56 %)

Aufschnitt und Vollkornbrot

Zutaten:

		kcal	kJ
2 Scheiben (90 g)	Roggenvollkornbrot	168	706
2 Scheiben (100 g)	Weizenvollkornbrot	212	888
50 g	Camembert, Rahmstufe	154	648
2 Scheiben (60 g)	Edamer, 45 % Fett i. Tr.	190	794
2 Scheiben (60 g)	Bierschinken	107	451
2 Scheiben (60 g)	gekochter Schinken	75	315
2 (120 g)	Tomaten	20	88
1/2 (150 g)	Salatgurke	18	76
1 (120 g)	Gemüsezwiebel	34	140
Gesamtsumme:		**979**	**4105**

Empfohlene Gewürze:
frisch gemahlener schwarzer Pfeffer, Jodsalz

Vorbereitung:
Tomaten waschen und in kleine Stücke schneiden, Stielansatz entfernen.

Gurke waschen und in kleine Stücke schneiden.

Zwiebel abziehen und in feine Ringe schneiden.

Zubereitung:
Die mit Aufschnitt belegten Brote auf einen Teller legen, das Gemüse salzen und pfeffern und dazu reichen.

Tipp:
Ein schnell zubereitetes, leckeres Abendbrot.

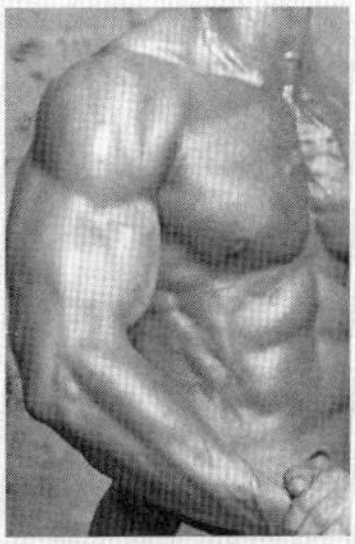

In diesem Gericht sind enthalten

- *Eiweiß* 66 g (28 %)
- *Fett* 40 g (37 %)
- *Kohlenhydrate* 87 g (36 %)

Hühnerfleisch mit Banane

Zutaten:

		kcal	kJ
250 g	Hühnerbrustfilet	255	1065
1 TL (5 g)	Distelöl	44	184
2 (180 g)	Bananen	171	716
1 (120 g)	Orange	56	236
1/2 (40 g)	Zitrone	22	94
120 ml (120 g)	Gemüsebrühe	23	96
1 Glas (150 g)	Schältomaten	16	70
1 (15 g)	Knoblauchzehe	14	59
2 TL (10 g)	Weizenmehl Type 550	34	141
Gesamtsumme:		***636***	***2663***

Empfohlene Gewürze: *Pfeffer, Jodsalz, Curry*

Vorbereitung: *Hühnerfleisch unter fließendem Wasser abspülen, trockentupfen und in Streifen schneiden.*

Zwiebel schälen und würfeln.

Knoblauchzehe zerdrücken.

Bananen schälen und halbieren.

Orange schälen und in Streifen schneiden.

Zubereitung: *Bratentopf erhitzen, mit Distelöl auspinseln und das Fleisch ca. 8 Minuten darin anbraten. Zwiebel zusammen mit Pfeffer, Salz und der zerdrückten Knoblauchzehe zum Fleisch geben. Alles mit Mehl bestäuben und unter Rühren die Gemüsebrühe und den Tomatenfond aus dem Glas dazugießen. Aufkochen lassen.*

Tomaten dazugeben, alles bei geschlossenem Topf ca. 10 Minuten bei schwacher Hitze kochen.

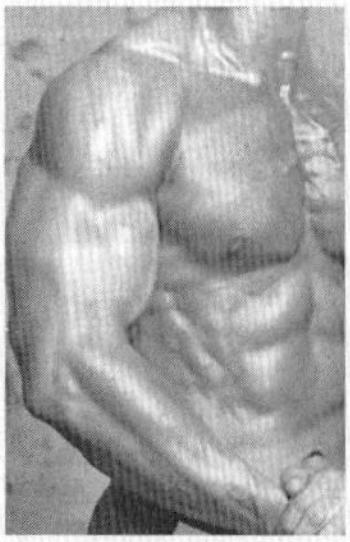

Bananen mit Zitronensaft beträufeln, mit Curry würzen und in einer beschichteten Pfanne (eventuell mit sehr wenig Butter) goldbraun braten.

Fleisch und Gemüse auf einem Teller anrichten, Bananen und Orangenstreifen darum herum garnieren.

In diesem Gericht sind enthalten

- *Eiweiß* 65 g (43 %)
- *Fett* 10g (15 %)
- *Kohlenhydrate* 66 g (43 %)

Erdbeer-Banane-Shake

Zutaten:		kcal	kJ
100 g	Erdbeeren	32	134
1 (90 g)	Banane	86	358
300 ml	Vollmilch	192	807
1 TL (5 g)	Honig	15	64
60 g	Nusseis	96	401
Gesamtsumme:		**421**	**1764**

Vorbereitung:
Erdbeeren putzen.

Banane schälen.

Zubereitung:
Erdbeeren und Banane zusammen mit etwas Zitronensaft im Mixer pürieren, Milch, Honig und Eis hinzugeben und alles gut durchmixen.

Tipp:
Statt frischer Erdbeeren können Sie auch sehr gut tiefgekühlte Früchte verwenden.

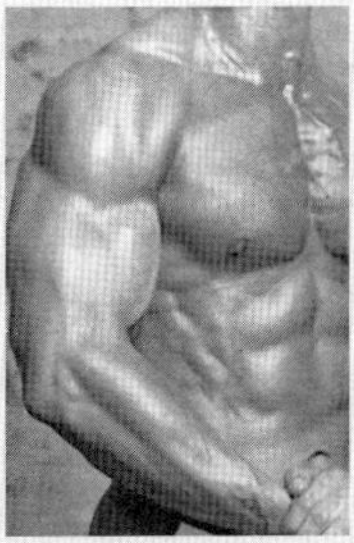

In diesem Gericht sind enthalten

- *Eiweiß* 13 g
- *Fett* 13 g
- *Kohlenhydrate* 61 g

Bananenshake mit Vanilleeis

Zutaten:

		kcal	kJ
250 ml	Vollmilch	160	672
1 (90 g)	Banane	86	358
2 (160 g)	Eier	246	1034
100 g	Vanille-Eiscreme	160	668
Gesamtsumme:		**652**	**2732**

Zubereitung:
Alle Zutaten im Mixer gut mischen, nach Geschmack mit Zimt abschmecken.

Tipp:
Kochen Sie die Eier erst hart, bevor Sie sie in den Mixer geben. So schalten Sie jedes Gesundheitsrisiko, zum Beispiel das einer Salmonelleninfektion, aus.

In diesem Gericht sind enthalten

- *Eiweiß* 32 g
- *Fett* 29 g
- *Kohlenhydrate* 63 g

Fruchtbuttermilch

Zutaten:

		kcal	kJ
300 ml	*Buttermilch*	*108*	*450*
100 g	*Tiefkühlbrombeeren*	*31*	*131*
100 g	*Tiefkühlhimbeeren*	*35*	*148*
2 TL (10g)	*Honig*	*31*	*128*
Gesamtsumme:		***205***	***857***

Zubereitung:
Alle Zutaten im Mixer gut verquirlen. Sollte Ihnen die Mischung zu dickflüssig werden, geben Sie noch etwas Buttermilch hinzu.

Tipp:
Ein fettarmer, leichter und erfrischender Drink, besonders für heiße Tage.

In diesem Gericht sind enthalten

- *Eiweiß* 12 g
- *Fett* 3 g
- *Kohlenhydrate* 27 g

Rezeptvorschlag für einen Gemüseshake in der Aufbauphase

Frischer Gemüsemix

Zutaten:		**kcal**	**kJ**
200 ml	Möhrensaft	44	182
3 (450 g)	Mohrrüben	117	486
200 g	Rote Bete	84	350
200 g	Sellerie	34	140
Gesamtsumme:		**279**	**1158**

Vorbereitung:

Mohrrüben waschen, schälen und in kleine Stücke schneiden.

Rote Bete schälen und in kleine Stücke schneiden.

Sellerie schälen und in kleine Stücke schneiden.

Zubereitung:

Gemüse zusammen mit dem Möhrensaft in den Mixer geben und gut durchmixen.

Tipps:

Wer möchte, kann diesen Shake durch die Zugabe eines Teelöffels Honig süßen.

Ein wenig süße Sahne oder etwas Distelöl als Zugabe erhöht die Resorption von Vitamin A.

In diesem Gericht sind enthalten

▸▸ *Eiweiß*	11 g
▸▸ *Fett*	2 g
▸▸ *Kohlenhydrate*	51 g

Fruchtmilch

Zutaten:		**kcal**	**kJ**
250 ml	fettarme Milch	120	504
100 g	tiefgekühlte Brombeeren	31	130
100 g	tiefgekühlte Erdbeeren	34	143
100 g	tiefgekühlte Himbeeren	35	147
150 g	fettarmer Fruchtjoghurt	124	521
2 EL (30 g)	Proteinpulver 80 %	130	546
Gesamtsumme:		**474**	**1991**

Zubereitung:
Milch, Beeren und Joghurt im Mixer gut verquirlen; Proteinpulver hinzugeben und nochmals aufmixen.

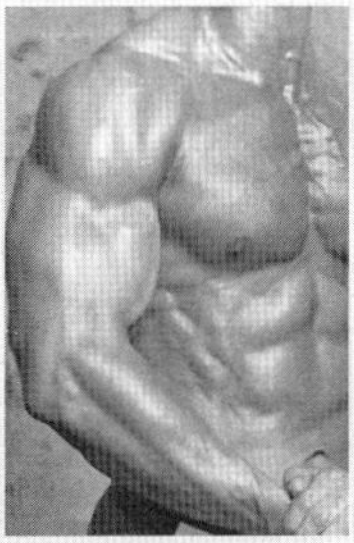

In diesem Gericht sind enthalten
- *Eiweiß* 38 g
- *Fett* 10 g
- *Kohlenhydrate* 53 g

Pure Banana

Zutaten:		**kcal**	**kJ**
250 ml	*Vollmilch*	*160*	*672*
1 (90 g)	*Banane*	*86*	*361*
3 EL (50 g)	*Weight-Gainer*	*185*	*777*
Gesamtsumme:		***431***	***1810***

Zubereitung:
Banane schälen, klein schneiden und mit der Milch im Mixer gut durchmixen; Weight-Gainer hinzugeben und erneut kurz mixen.

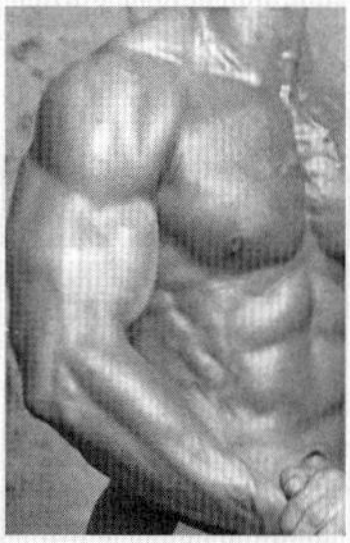

In diesem Gericht sind enthalten
- *Eiweiß* 17 g
- *Fett* 9 g
- *Kohlenhydrate* 69 g

Erdbeershake

Zutaten:

		kcal	kJ
250 ml	fettarme Milch	120	504
150 g	tiefgekühlte Erdbeeren	51	214
3 EL (30 g)	Hafervollkornflocken	111	466
2 EL (30 g)	Proteinpulver 80 %	130	546
Gesamtsumme:		**412**	**1730**

Zubereitung:
Milch und Erdbeeren im Mixer gut verquirlen; Haferflocken und Proteinpulver hinzugeben und durchmixen.

Hinweis:
Ein fettarmer, leckerer Shake zum Aufbau hochwertiger Muskelmasse.

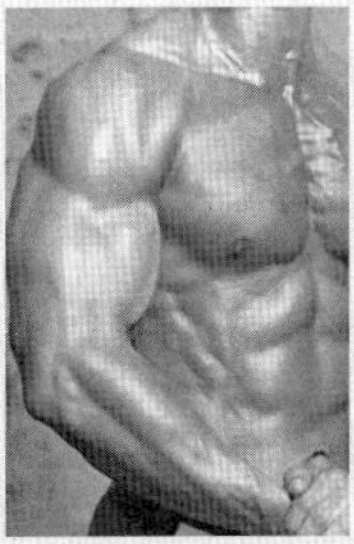

In diesem Gericht sind enthalten

- *Eiweiß* 26 g
- *Fett* 9 g
- *Kohlenhydrate* 45 g

Vegie Drink

Zutaten:		*kcal*	*kJ*
250 ml	*Sojamilch*	*380*	*1596*
1 (90 g)	*Banane*	*86*	*361*
3 EL (30 g)	*Haferflocken*	*111*	*466*
2 EL (30 g)	*Sojaprotein*	*104*	*437*
Gesamtsumme:		***680***	***2860***

Zubereitung:
Banane schälen, klein schneiden, restliche Zutaten zugeben und im Mixer gut verquirlen.

In diesem Gericht sind enthalten

▸▸ *Eiweiß*	*74 g*
▸▸ *Fett*	*27 g*
▸▸ *Kohlenhydrate*	*40 g*

Weight Gain

Zutaten:

		kcal	kJ
250 ml (250 g)	Vollmilch	160	672
1 Becher (200 g)	Schlagsahne 30 % Fett	576	2419
2 (160 g)	Eier	246	1033
30 g	gehobelte Mandeln	171	718
3 EL	Weight-Gainer	185	777
Gesamtsumme:		**1338**	**5619**

Zubereitung:
Milch, Sahne, Eier und Mandeln im Mixer gut mischen; Weight-Gainer hinzugeben, erneut gut durchmixen.

Hinweise:
Ein Shake, der es in sich hat. Besonders für sehr schlanke Athleten (ektomorpher Körpertyp) zu empfehlen, die echte Schwierigkeiten mit der Gewichtszunahme haben.

Kochen Sie die Eier erst hart, bevor Sie sie in den Mixer geben, um jedes Risiko einer Salmonelleninfektion auszuschließen. Wem dieser Shake noch nicht reicht, der sollte es mit dem «Super Weight Gain» auf Seite 100 versuchen.

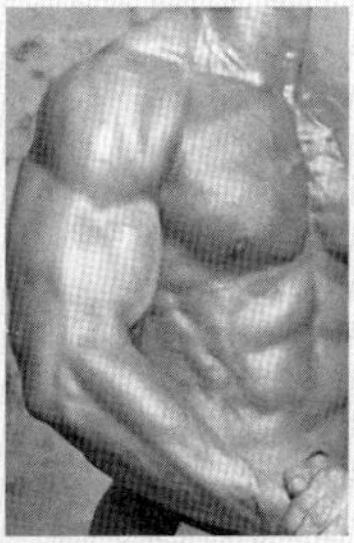

In diesem Gericht sind enthalten

- Eiweiß 48 g
- Fett 103 g
- Kohlenhydrate 59 g

Super Weight Gain

Zutaten:

		kcal	kJ
250 ml (250 g)	*Vorzugsmilch*	*168*	*706*
1 Becher (200 g)	*Schlagsahne 30 % Fett*	*576*	*2419*
1 (90 g)	*Banane*	*86*	*361*
2 (160 g)	*Eier*	*246*	*1033*
30 g	*gehobelte Mandeln*	*171*	*718*
100 g	*Eiscreme*	*160*	*672*
3 El (50 g)	*Weight-Gainer*	*185*	*777*
Gesamtsumme:		***1591***	***6686***

Zubereitung:

Milch, Sahne, geschälte und klein geschnittene Banane, Eier, Mandeln und Eiscreme gut durchmixen; Weight-Gainer hinzugeben und erneut kurz mixen.

Hinweis:

Der «Mega-Kalorien-Shake» für ektomorphe Körpertypen, die einfach nicht zunehmen können. Ein bis zwei dieser Shakes täglich zusätzlich zur normalen Ernährung dürften auch denjenigen mit einem superschnellen Stoffwechsel zur Gewichtszunahme verhelfen.

In diesem Gericht sind enthalten

- *Eiweiß* — *51 g*
- *Fett* — *106 g*
- *Kohlenhydrate* — *108 g*

Apfelschorle mit Maltodextrin

Zutaten:		kcal	kJ
300 ml	Apfelsaft	147	617
700 ml	Mineralwasser	0	0
4 EL (50 g)	Maltodextrin	196	823
Gesamtsumme:		**343**	**1440**

Zubereitung:
Alle Zutaten gut vermixen.

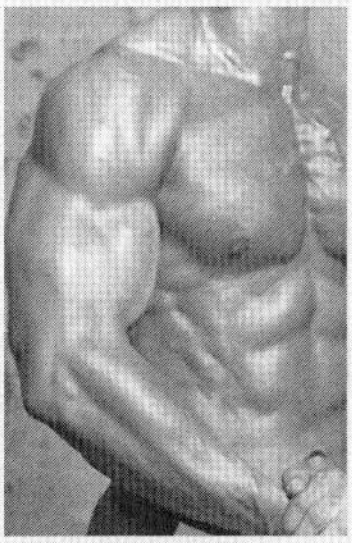

In diesem Gericht sind enthalten

- Eiweiß 1 g
- Fett 1 g
- Kohlenhydrate 81 g

Apfelschorle mit Maltodextrin und Creatin

Zutaten:

		kcal	kJ
300 ml	*Apfelsaft*	*147*	*617*
700 ml	*Mineralwasser*	*0*	*0*
4 EL (50 g)	*Maltodextrin*	*196*	*823*
2 TL (10 g)	*Creatin*	*0*	*0*
Gesamtsumme:		***343***	***1440***

Zubereitung:

Alle Zutaten gut vermixen.

Tipp:

Ein Drink, der durch den Zusatz von Creatin besonders viel Energie gibt.

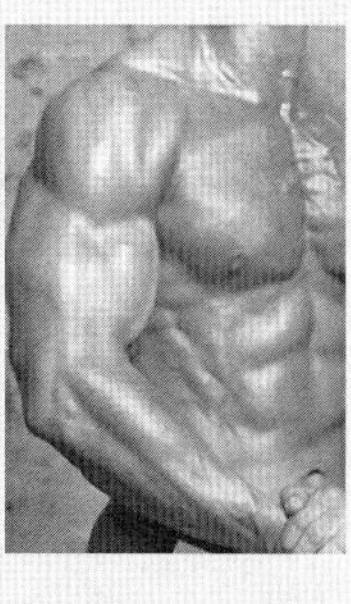

In diesem Gericht sind enthalten

- *Eiweiß* 1 g
- *Fett* 1 g
- *Kohlenhydrate* 81 g

Rezeptvorschlag für einen Fruchtshake während des Trainings

Quick Energy

Zutaten:		kcal	kJ
500 ml	Orangensaft	225	940
1 (90 g)	Banane	86	358
1 TL (5 g)	Fruchtzucker	20	85
Gesamtsumme:		**331**	**1383**

Vorbereitung:
Banane schälen und in kleine Stücke schneiden.

Zubereitung:
Banane mit Orangensaft und Fruchtzucker im Mixer gut mischen.

Tipp:
Ein Shake, der schnell Energie liefert. Trinken Sie ihn schluckweise während Ihres Trainings.

Statt Orangensaft kann je nach Geschmack auch anderer Fruchtsaft verwendet werden.

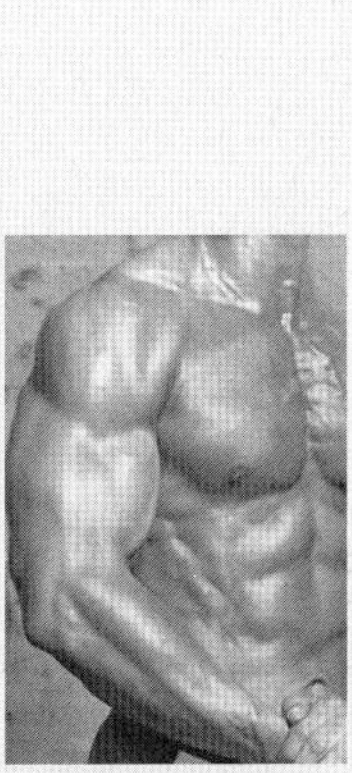

In diesem Gericht sind enthalten

- Eiweiß 6 g
- Fett 1 g
- Kohlenhydrate 68 g

Rezeptvorschläge für Fatburning

Muskeln bleiben – Körperfett wird abgebaut

Die Rezeptvorschläge auf den Seiten 105 bis 137 sind speziell für die Definitionsphase erstellt. Die Nährwertrelation, das heißt das Verhältnis von Kohlenhydraten, Eiweiß und Fett, ist auf das Hauptziel der Definitionsphase, nämlich die Minimierung des Körperfettanteils bei gleichzeitigem Erhalt der Muskelsubstanz, abgestimmt. Im Gegensatz zur Aufbauphase empfiehlt sich in der Definitionsphase eine kohlenhydratarme, eiweißreiche und fettmodifizierte Ernährungsform. Da für eine optimale Muskelzeichnung auch die Natrium- und Kaliumaufnahme von Bedeutung ist (Natrium bindet Wasser, Kalium spült es aus), ist auch der Gehalt dieser beiden Mineralstoffe angegeben und wurde bei der Zubereitung der Rezepte auf Jodsalz verzichtet.

Alle Rezepte sind für eine Person und eine Mahlzeit konzipiert.

Natrium-Kalium-Verhältnis von Lebensmitteln (aus: Elmadfa et al.: Die große GU Vitamin- und Mineralstoff-Tabelle, München 1998)

Lebensmittel (100 g verzehrbarer Anteil)	**Kalium** mg / 100 g	**Natrium** mg / 100 g
Pfifferlinge, getrocknet	5370!	32
Sojabohnen	1750	4
Aprikosen, getrocknet	1370	11
Weiße Bohnen	1300	3
Erbsen	930	26
Sultaninen, getrocknet	860	53
Mandeln	835	20
Pflaumen, getrocknet	824	8
Sonnenblumenkerne	725	2
Datteln, getrocknet	649	18
Paranüsse	644	2
Kartoffeln	411	3
Bananen	382	1
Broccoli	373	14
Pfifferlinge	367	3
Haferflocken	360	5
Kabeljau	350	72
Rindfleisch, mager	340	51
Putensteak	333	46
Möhren	290	60
Tomaten	242	3
Ananas	172	2
Kopfsalat	172	8
Eiernudeln	164	17
Vollkornreis	150	10
Äpfel	144	3
Zwiebeln	135	9

Zwiebel-Rührei

Zutaten:		kcal	kJ
2	Eigelb	139	584
6	Eiweiß	120	499
1 (60 g)	Zwiebel	17	70
1/2 Bund	Petersilie	3	13
Gesamtsumme:		**279**	**1166**

Empfohlene Gewürze:
frisch gemahlener schwarzer Pfeffer, Paprikapulver

Vorbereitung:
Zwiebel schälen und hacken.

Petersilie waschen und hacken.

Zubereitung:
Eigelb und Eiweiß verrühren; Zwiebel unter das Ei geben. Eier und Zwiebeln in eine heiße, beschichtete Pfanne geben, so lange durchrühren, bis das Ei fest wird, auf einen Teller geben, mit Petersilie bestreuen, mit Pfeffer und Paprikapulver würzen.

In diesem Gericht sind enthalten

▸▸ Eiweiß	34 g (49 %)
▸▸ Fett	13 g (43 %)
▸▸ Kohlenhydrate	5 g (8 %)
▸▸ Kalium	566 mg
▸▸ Natrium	436 mg

Knäcke und Ei

Zutaten:		*kcal*	*kJ*
6 (330 g)	*Eier*	*508*	*2132*
3 Scheiben (30 g)	*Knäckebrot*	*107*	*449*
Gesamtsumme:		***616***	***2581***

Empfohlenes Gewürz:
frischgemahlener schwarzer Pfeffer

Zubereitung:
Eier nach Geschmack (hart = ca. 5 Minuten, weich = ca. 3 Minuten) kochen, dazu Knäckebrot servieren, evtl. mit Pfeffer würzen.

In diesem Gericht sind enthalten

▸▸ *Eiweiß*	*46 g (30 %)*
▸▸ *Fett*	*38 g (54 %)*
▸▸ *Kohlenhydrate*	*24 g (16 %)*
▸▸ *Kalium*	*541 mg*
▸▸ *Natrium*	*707 mg*

Haferwaffeln

Zutaten:		kcal	kJ
70 g	*zarte Haferflocken*	*259*	*1084*
1 (20 g)	*Eigelb*	*70*	*292*
4 (160 g)	*Eiweiß*	*80*	*333*
3 TL (15 g)	*Sonnenblumenkerne*	*86*	*361*
30 g	*gehobelte Mandeln*	*171*	*715*
Gesamtsumme:		***665***	***2784***

Zubereitung:
Haferflocken mit Eigelb und Eiweiß in einer Schüssel vermischen; Sonnenblumenkerne und Mandeln unterrühren; den Teig portionsweise auf ein Waffeleisen geben, jede Waffel ca. 5 Minuten backen.

In diesem Gericht sind enthalten

- *Eiweiß* — *39 g (23 %)*
- *Fett* — *35 g (47 %)*
- *Kohlenhydrate* — *48 g (29 %)*
- *Kalium* — *895 mg*
- *Natrium* — *289 mg*

Käse-Omelette

Zutaten:		*kcal*	*kJ*
2	Eigelb	139	584
6	Eiweiß	120	499
1 Scheibe (30 g)	Gouda, 45 % Fett i. Tr.	90	377
2 EL (20 g)	Feta-Käse	47	198
1/2 Bund	Schnittlauch	2	10
Gesamtsumme:		**399**	**1668**

Empfohlenes Gewürz:
frisch gemahlener schwarzer Pfeffer

Vorbereitung:
Gouda-Käse in Streifen schneiden.

Feta-Käse in kleine Stücke schneiden.

Schnittlauch waschen und in Röllchen schneiden.

Zubereitung:
Eigelb und Eiweiß vermischen und in eine heiße, beschichtete Pfanne geben. Gouda-Käse über die Eiermischung verteilen, Feta-Käse dazugeben, pfeffern; Eier in der Mitte zusammenklappen und so lange braten, bis die Hälften zusammenhalten. Auf einen Teller geben, mit 3 Teelöffel Schnittlauchröllchen bestreuen.

In diesem Gericht sind enthalten

- *Eiweiß* 44 g (45 %)
- *Fett* 24 g (53 %)
- *Kohlenhydrate* 2 g (2 %)
- *Kalium* 524 mg
- *Natrium* 869 mg

Schinken-Pilz-Omelette

Zutaten:

		kcal	kJ
2	Eigelb	139	584
6	Eiweiß	120	499
2 Scheiben (60 g)	gekochter Schinken	75	315
1 Portion (200 g)	frische Pfifferlinge	22	96
1 (60 g)	Zwiebel	17	70
1/2 Bund	Petersilie	3	13
Gesamtsumme:		**376**	**1577**

Empfohlenes Gewürz:
frisch gemahlener schwarzer Pfeffer

Vorbereitung:
Schinken in feine Streifen schneiden.

Pfifferlinge putzen und klein schneiden.

Zwiebel schälen und fein hacken.

Petersilie waschen und hacken.

Zubereitung:
Eigelb und Eiweiß verrühren. Schinken, Pfifferlinge und Zwiebel mit den übrigen Zutaten dazugeben. Alles in eine heiße, beschichtete Pfanne geben und ca. 5 Minuten braten, dann übereinander klappen. Mit frisch gemahlenem schwarzem Pfeffer würzen.

In diesem Gericht sind enthalten

- *Eiweiß* 50 g (53 %)
- *Fett* 17 g (41 %)
- *Kohlenhydrate* 6 g (6 %)
- *Kalium* 1678 mg!
- *Natrium* 464 mg

Rührei mit Pilzen und Zwiebeln

Zutaten:

		kcal	kJ
2 (40 g)	Eigelb	139	584
6 (240 g)	Eiweiß	120	499
200 g	frische Pfifferlinge	22	96
100 g	frische Champignons	15	64
1 (60 g)	Zwiebel	17	70
Gesamtsumme:		**330**	**1383**

Empfohlene Gewürze:
frisch gemahlener schwarzer Pfeffer, Schnittlauch

Vorbereitung:
Pilze putzen, mit Küchenpapier abreiben und fein schneiden.

Zwiebel schälen und fein hacken.

Schnittlauch waschen und in Röllchen schneiden.

Zubereitung:
Eigelb und Eiweiß verrühren; Pilze und Zwiebeln zum Ei geben und verrühren, pfeffern. Alles in eine heiße, beschichtete Pfanne geben und mehrmals durchrühren, so lange, bis das Ei fest ist. Auf einen Teller geben und mit Schnittlauchröllchen bestreuen.

In diesem Gericht sind enthalten

- *Eiweiß* — *41 g (49 %)*
- *Fett* — *15 g (40 %)*
- *Kohlenhydrate* — *9 g (11 %)*
- *Kalium* — *2023 mg*
- *Natrium* — *453 mg*

Hafermüsli

Zutaten:			
		kcal	***kJ***
3 EL (60 g)	*ganze oder geschrotete Haferkörner*	*212*	*887*
1 Becher (150 g)	*Magermilchjoghurt*	*57*	*238*
1/2 (90 g)	*Banane*	*86*	*358*
1	*Zitrone*	*9*	*38*
Gesamtsumme:		***363***	***1521***

Vorbereitung:

Haferkörner mit heißem Wasser übergießen und über Nacht quellen lassen.

Banane schälen und mit einer Gabel zerdrücken.

Zitrone auspressen.

Zubereitung:

Überschüssiges Wasser weggießen und den Joghurt auf die Haferkörner geben. Banane unter die Haferkörner und den Joghurt mischen, mit 3 Teelöffel Zitronensaft abschmecken.

Tipps:

Ein für die Definitionsphase an Kohlenhydraten reichhaltiges Frühstück. Genießen Sie es vorzugsweise dann, wenn Ihr Energielevel sehr niedrig ist.

Sollten Sie durch den Verzehr von ganzen Haferkörnern bedingte Verdauungsbeschwerden bekommen, so nehmen Sie stattdessen entweder geschrotetes Sechskorn-Getreide oder Haferflocken (ebenfalls über Nacht in Wasser einweichen lassen).

In diesem Gericht sind enthalten

▸▸ *Eiweiß*	*15 g (17 %)*
▸▸ *Fett*	*5 g (12 %)*
▸▸ *Kohlenhydrate*	*63 g (72 %)*
▸▸ *Natrium*	*81 mg*
▸▸ *Kalium*	*832 mg*

Rezeptvorschlag für eine Zwischenmahlzeit in der Definitionsphase

Apfel-Möhren-Rohkost

Zutaten:		**kcal**	**kJ**
1 (150 g)	Apfel	78	326
2 (260 g)	Mohrrüben	68	281
1	Zitrone	9	38
Gesamtsumme:		**155**	**644**

Vorbereitung:
Apfel und Mohrrüben waschen, Mohrrüben schälen und alles raspeln.

Zitrone auspressen.

Zubereitung:
Apfel und Mohrrüben mit 3 Teelöffel Zitronensaft übergießen, gut durchmengen und anrichten.

Tipp:
Ein kleiner kaliumreicher und natriumarmer Snack für den Energieschub zwischendurch, besonders empfehlenswert nach dem Training.

In diesem Gericht sind enthalten

▸▸ Eiweiß	3 g (8 %)
▸▸ Fett	1 g (7 %)
▸▸ Kohlenhydrate	31 g (85 %)
▸▸ Kalium	980 mg
▸▸ Natrium	161 mg

Fruchtsalat «Enzym» mit Hähnchenbrustfilet

Zutaten:		*kcal*	*kJ*
200 g	*Ananas*	*118*	*492*
1 (200 g)	*Papaya*	*26*	*108*
200 g	*Hühnerbrustfilet*	*204*	*852*
4	*Walnüsse*	*196*	*821*
Gesamtsumme:		***544***	***2273***

Empfohlenes Gewürz:
frisch gemahlener schwarzer Pfeffer

Vorbereitung:
Hühnerfleisch unter fließendem Wasser abspülen, trockentupfen und pfeffern.
Ananas oben und unten begradigen, dick abschälen, vierteln, den Strunk herausschneiden und das Fruchtfleisch in kleine Stücke schneiden.
Papaya schälen, entkernen und das Fruchtfleisch klein schneiden.

Zubereitung:
Das Hühnerfleisch in einer heißen, beschichteten Pfanne von beiden Seiten gut durchbraten. Das Obst zusammenmischen, die Hühnerbrust in fingerdicke Streifen schneiden und auf das Obst geben, Walnusskerne darüber geben und anrichten.

Tipp:
Ananas und Papaya sind reich an Eiweiß verdauenden Enzymen.

In diesem Gericht sind enthalten

▸▸ *Eiweiß*	*53 g (40 %)*
▸▸ *Fett*	*21 g (34 %)*
▸▸ *Kohlenhydrate*	*34 g (26 %)*
▸▸ *Kalium*	*1876 mg*
▸▸ *Natrium*	*162 mg*

Scharfer Asia-Salat

Zutaten:

		kcal	kJ
200 g	*roher Thunfisch*	*276*	*1156*
1 TL (5 g)	*Zitronensaft*	*5*	*21*
200 g	*Rettich*	*28*	*114*
200 g	*Chinakohl*	*28*	*114*
1 (10 g)	*Knoblauchzehe*	*14*	*59*
1/2 (30 g)	*kleine Zwiebel*	*8*	*35*
1 EL (10 g)	*Sojasoße*	*7*	*29*
1 TL (5 g)	*Sesamöl*	*44*	*184*
1	*Eiweiß*	*10*	*42*
1 TL (5 g)	*Kartoffelmehl*	*17*	*71*
1 EL (10 g)	*Sonnenblumenöl*	*88*	*369*
Gesamtsumme:		***526***	***2195***

Empfohlene Gewürze:
schwarzer Pfeffer aus der Mühle, frische Kresse

Vorbereitung:
Thunfisch unter fließendem Wasser abspülen, trockentupfen und in 1 cm große Würfel schneiden. Zitrone auspressen. Rettich und Chinakohl waschen, Rettich schälen und alles in dünne Streifen schneiden. Knoblauch und Zwiebel schälen und fein hacken. Eiweiß steif schlagen und mit dem Kartoffelmehl vermengen.

Zubereitung:
Einen Teelöffel Zitronensaft über den Thunfisch geben und mit Pfeffer würzen. Rettich, Chinakohl, Knoblauch und Zwiebel miteinander vermengen. Darüber die Sojasauce und das Sesamöl geben und mit Pfeffer abschmecken. Die Fischwürfel in der Eiweiß-Kartoffelmehl-Masse wenden und in einer heißen, beschichteten Pfanne mit Sonnenblumenöl knusprig braten, dabei mehrmals wenden.

Gemüse und Fisch auf einem Teller anrichten, mit Pfeffer würzen und mit frischer Kresse bestreuen.

In diesem Gericht sind enthalten

- *Eiweiß* 55 g (43 %)
- *Fett* 26 g (44 %)
- *Kohlenhydrate* 17 g (13 %)
- *Natrium* 771 mg
- *Kalium* 1603 mg

Spargelsalat mit Walnüssen

Zutaten:		*kcal*	*kJ*
150 g	*Spargel (weiß oder grün)*	*27*	*111*
1 EL (10 g)	*Magerjoghurt*	*4*	*16*
1 TL (5 g)	*Traubenkernöl*	*44*	*184*
1 TL (5 g)	*Essig*	*1*	*4*
3	*Walnüsse*	*131*	*548*
3 (45 g)	*Radieschen*	*7*	*27*
Gesamtsumme:		***213***	***890***

Empfohlene Gewürze:
schwarzer Pfeffer aus der Mühle, gehackter Majoran

Vorbereitung:
Spargel schälen.

Radieschen waschen und in dünne Scheiben schneiden.

Walnüsse hacken.

Zubereitung:
Spargel bissfest kochen, aus dem Topf nehmen und drei Esslöffel Spargelwasser abschöpfen. Dieses Spargelwasser erkalten lassen und mit Joghurt, Öl und Essig mischen. Mit Majoran und Pfeffer abschmecken.

Spargel in kleine Stücke schneiden, in eine Schale geben und mit dem Dressing übergießen; Walnüsse und Radieschen über den Spargel geben und servieren.

In diesem Gericht sind enthalten

▸▸ *Eiweiß*	*7 g (13 %)*
▸▸ *Fett*	*18 g (75 %)*
▸▸ *Kohlenhydrate*	*7 g (13 %)*
▸▸ *Natrium*	*20 mg*
▸▸ *Kalium*	*549 mg*

Rezeptvorschlag für ein Mittagessen in der Definitionsphase

Grüner Salat mit Hähnchenbrustfilet

Zutaten:

		kcal	kJ
200 g	Hähnchenbrustfilet	204	852
100 g	Eisbergsalat	13	55
1 (60 g)	Zwiebel	17	70
1/2 (150 g)	Gurke	18	76
2 (120 g)	Tomaten	20	88
1/2 Bund	Blattpetersilie	5	20
2 TL (10 g)	Distelöl	88	368
Gesamtsumme:		**365**	**1529**

Empfohlene Gewürze:
frischer Estragon, frisch gemahlener schwarzer Pfeffer

Vorbereitung:
Salat putzen, waschen und trockenschleudern und in mundgerechte Stücke zupfen. Hühnerbrust unter fließendem Wasser abspülen, trockentupfen.

Salatgurke und Tomaten putzen, waschen und schneiden.

Zwiebel schälen und in feine Ringe schneiden oder hobeln.

Petersilie und Estragon waschen und fein hacken.

Zubereitung: *Salatblätter in eine Schale legen. Hühnerbrust pfeffern, in einer beschichteten Pfanne unter mehrmaligem Wenden gut durchbraten. Gurken- und Tomatenstücke auf den Salat legen. Zwiebelringe auf den Salat geben; Distelöl über den Salat träufeln.*

Hühnerfleisch aus der Pfanne nehmen, in fingerdicke Streifen schneiden und auf dem Salat anrichten. Petersilie und Estragon darüber streuen. Mit Pfeffer bestreuen.

In diesem Gericht sind enthalten

▸▸ Eiweiß	51 g (57 %)
▸▸ Fett	12 g (30 %)
▸▸ Kohlenhydrate	11 g (12 %)
▸▸ Natrium	184 mg
▸▸ Kalium	1493 mg

Putengeschnetzeltes mit Broccoli und Möhren

Zutaten:		*kcal*	*kJ*
300 g	*Putenbrustfilet*	*321*	*1338*
300 g	*Broccoli*	*78*	*330*
2 (260 g)	*Mohrrüben*	*68*	*281*
1 (60 g)	*Zwiebel*	*17*	*70*
1 TL (5 g)	*Instant-Gemüse-Hefebrühe*	*11*	*48*
Gesamtsumme:		***495***	***2067***

Empfohlenes Gewürz:
frisch gemahlener schwarzer Pfeffer

Vorbereitung:
Putenfleisch unter fließendem Wasser abspülen, mit Küchenkrepp trocknen und in fingerdicke Streifen schneiden.

Broccoli waschen und in kleine Stücke schneiden.

Mohrrüben waschen, schälen und in feine Streifen schneiden.

Zwiebeln abziehen und in dünne Ringe schneiden oder hobeln.

Brühpulver in 100 ml warmes Wasser einrühren.

Zubereitung:
Putenfleisch in eine heiße, beschichtete Pfanne geben, ca. 1 Minute scharf anbraten. Gemüsebrühe zum Fleisch geben. Broccoli, Möhren und Zwiebel dazugeben, ca. 10 Minuten köcheln lassen (so lange, bis das Fleisch gar ist); mit schwarzem Pfeffer abschmecken.

In diesem Gericht sind enthalten

- *Eiweiß* — *87g (72 %)*
- *Fett* — *5 g (9 %)*
- *Kohlenhydrate* — *23 g (19 %)*
- *Kalium* — *2988 mg*
- *Natrium* — *836 mg*

«Muscle Burgers»

Zutaten:

		kcal	kJ
300 g	*Tatar*	*339*	*1425*
3	*Eier*	*254*	*1066*
1 (60 g)	*Zwiebel*	*17*	*70*
2 (10 g)	*Knoblauchzehen*	*14*	*59*
Gesamtsumme:		***624***	***2620***

Empfohlenes Gewürz:
frisch gemahlener schwarzer Pfeffer

Vorbereitung:
Zwiebel und Knoblauch schälen und klein schneiden.

Zubereitung:
Beefhack und Eier miteinander vermischen; Zwiebel und Knoblauchzehen unter das Hack kneten, pfeffern, Frikadellen formen und in einer heißen, beschichteten Pfanne gut durchbraten.

Tipp:
Die Burger können bereits zu Hause zubereitet werden und dann z. B. zur Arbeit mitgenommen und dort kalt verzehrt werden.

In diesem Gericht sind enthalten

▸▸ *Eiweiß*	*87 g (56 %)*
▸▸ *Fett*	*28 g (39 %)*
▸▸ *Kohlenhydrate*	*7 g (4 %)*
▸▸ *Kalium*	*1457 mg*
▸▸ *Natrium*	*443 mg*

Hühnerfleisch mit frischer Ananas

Zutaten:			
		kcal	***kJ***
400 g	*Hähnchenbrustfilet*	*408*	*1704*
200 g	*frische Ananas*	*118*	*492*
Gesamtsumme		***526***	***2196***

Empfohlene Gewürze:
schwarzer Pfeffer, Curry

Vorbereitung:
Hühnerfleisch unter fließendem Wasser abspülen, trockentupfen.

Ananas oben und unten begradigen, dick abschälen, vierteln, den Strunk herausschneiden und das Fruchtfleisch in kleine Stücke schneiden.

Zubereitung:
Hühnerfleisch, in einer heißen, beschichteten Pfanne von beiden Seiten gut durchbraten. Fleisch auf einen Teller geben, mit Pfeffer und Curry würzen. Die Ananasstücke rundherum anrichten.

Tipp:
Frische Ananas enthält viel Eiweiß spaltendes Enzym Bromelein. Die Eiweißverwertung wird durch den gemeinsamen Verzehr von Fleisch, Fisch oder Geflügel und frischer Ananas optimiert.

In diesem Gericht sind enthalten

▸▸ *Eiweiß*	*95 g (74 %)*
▸▸ *Fett*	*3 g (5 %)*
▸▸ *Kohlenhydrate*	*26 g (20 %)*
▸▸ *Kalium*	*1666 mg*
▸▸ *Natrium*	*292 mg*

Gegrillter Lachs mit Gemüse

Zutaten:

		kcal	kJ
250 g	Lachsfilet	328	1368
1/2 (75 g)	grüne Paprika	15	64
1/2 (75 g)	rote Paprika	28	116
1 (120 g)	Gemüsezwiebel	34	140
2 (10 g)	Knoblauchzehen	14	59
1	Zitrone	9	38
2 TL (10 g)	Distelöl	88	368
Gesamtsumme:		**515**	**2152**

Empfohlenes Gewürz:
schwarzer Pfeffer

Vorbereitung:
Fischfilet unter fließendem Wasser abspülen, abtropfen lassen und pfeffern, auf Alufolie legen.

Paprika waschen, entkernen und in kleine Stücke schneiden.

Zwiebel und Knoblauch abziehen und fein hacken.

Zitrone auspressen.

Zubereitung:
Paprika, Zwiebel und Knoblauch um den Fisch herum auf die Alufolie legen. Alles auf einen Rost in den vorgeheizten Backofen, auf die mittlere Schiene, schieben. Bei 200 Grad grillen. Nach 5 Minuten den Fisch mit Öl und Zitronensaft beträufeln, weitere 15 bis 20 Minuten grillen, so lange, bis der Fisch gar ist.

Den Fisch und das Gemüse herausnehmen und auf einem Teller anrichten.

In diesem Gericht sind enthalten

- *Eiweiß* 50 g (39 %)
- *Fett* 27 g (47 %)
- *Kohlenhydrate* 17 g (14 %)
- *Kalium* 1480 mg
- *Natrium* 146 mg

Bunter Chicorée-Salat

Zutaten:

		kcal	kJ
1 (200 g)	Chicorée	34	144
200 g	frische Ananas	118	492
4 Scheiben (90 g)	gekochter Schinken	112	472
1 TL (5 g)	Distelöl	44	184
Gesamtsumme:		***308***	***1293***

Empfohlenes Gewürz:
frisch gemahlener schwarzer Pfeffer

Vorbereitung:
Chicorée waschen und in Scheiben schneiden.

Ananas oben und unten begradigen, dick abschälen, vierteln, Strunk herausschneiden und das Fruchtfleisch in kleine Stücke schneiden.

Schinken in feine Streifen schneiden.

Zubereitung:
Distelöl auf den Chicorée geben, Schinken unter den Salat mischen und mit Pfeffer würzen.

In diesem Gericht sind enthalten

▸▸ Eiweiß	22 g (30 %)
▸▸ Fett	10 g (29 %)
▸▸ Kohlenhydrate	31 g (41 %)
▸▸ Kalium	882 mg
▸▸ Natrium	45 mg

Putensteak mit Blattspinat

Zutaten:

		kcal	kJ
400 g	Blattspinat	68	292
250 g	Putenbrust	268	1115
1/2 (30 g)	Zwiebel	8	35
1 TL (5 g)	Olivenöl	44	184
3 EL (30 g)	Magerjoghurt	11	48
300 g	Shiitakepilze	126	528
Gesamtsumme:		**525**	**2202**

Empfohlenes Gewürz:
schwarzer Pfeffer aus der Mühle

Vorbereitung:
Spinat putzen, gründlich waschen.

Zwiebel schälen und fein würfeln.

Pilze mit Küchenpapier abreiben und klein schneiden.

Putensteak unter fließendem Wasser abspülen, trockentupfen.

Zubereitung:
Spinat in Wasser blanchieren; Zwiebel in Olivenöl glasig dünsten; Pilze anbraten, mit Spinat in die Pfanne geben, mit Pfeffer würzen.

Putensteak pfeffern, von beiden Seiten gut durchbraten. Steak und Gemüse aus der Pfanne nehmen und auf einem Teller anrichten. Joghurt mit Pfeffer abschmecken und dazu servieren.

In diesem Gericht sind enthalten

- *Eiweiß* — *77 g (55 %)*
- *Fett* — *9 g (15 %)*
- *Kohlenhydrate* — *42 g (30 %)*
- *Natrium* — *405 mg*
- *Kalium* — *3808 mg*

Geschnetzelte Hähnchenbrust mit süßsaurem Gemüse

Zutaten:

		kcal	kJ
250 g	Hühnerbrustfilet	255	1065
200 g	Fenchel	50	206
1 (160 g)	rote Paprika	59	246
1 (150 g)	Mohrrübe	39	162
1 (120 g)	kleiner Apfel	62	260
1 TL (5 g)	Honig	15	64
3 EL (30 g)	Orangensaft	14	56
100 ml (100 g)	Apfelsaft	49	207
Gesamtsumme:		**543**	**2267**

Empfohlene Gewürze: *schwarzer Pfeffer aus der Mühle, 1/2 TL grüne Pfefferkörner aus dem Glas, Ingwer (am besten frisch gerieben), Curry, Apfelessig*

Vorbereitung: *Gemüse je nach Art waschen, schälen. Möhren und Fenchel in kleine Stücke schneiden, Paprika entkernen und ebenfalls in kleine Stücke schneiden. Apfel waschen, entkernen und fein blättrig schneiden. Hähnchenbrust unter fließendem Wasser abspülen.*

Zubereitung: *Gemüse und Apfel in einer beschichteten Pfanne mit dem Apfelsaft ca. 6 bis 8 Minuten bissfest dünsten. Hähnchenbrust in Streifen schneiden und in einer zweiten beschichteten Pfanne kurz von allen Seiten anbraten. Mit Pfeffer würzen. Gemüse und Apfel mit grünen Pfefferkörnern, etwas Ingwer und Curry würzen. Dazu den Honig und den Orangensaft geben und kurz köcheln lassen. Abschließend das Hähnchenfleisch dazugeben und so lange köcheln lassen, bis das Fleisch gar ist. Mit Apfelessig und Pfeffer abschmecken.*

Tipp: *Dieses Gericht enthält relativ viele Kohlenhydrate für ein Mittagessen in der Definitionsphase. Genießen Sie es, wenn Sie einen leckeren Energieschub benötigen.*

In diesem Gericht sind enthalten

- *Eiweiß* 68,30 g (52 %)
- *Fett* 4,31 g (7 %)
- *Kohlenhydrate* 53,84 g (41 %)
- *Natrium* 457 mg
- *Kalium* 3012 mg

Gemüsesuppe

Zutaten:

		kcal	kJ
1 (160 g)	*grüne Paprika*	*32*	*136*
1 (160 g)	*rote Paprika*	*59*	*246*
1 (200 g)	*Zucchini*	*38*	*160*
2 (120 g)	*Zwiebeln*	*34*	*140*
2 (20 g)	*Knoblauchzehen*	*28*	*119*
300 g	*reife Tomaten*	*51*	*219*
400 ml	*Gemüsebrühe*	*19*	*80*
Gesamtsumme:		***261***	***1100***

Empfohlene Gewürze: *weißer Pfeffer, Cayennepfeffer, frische Kräuter (Dill und Petersilie)*

Vorbereitung: *Dill und Petersilie waschen und hacken.*
Paprika entkernen und waschen, in kleine Stücke schneiden.
Zucchini waschen und in kleine Stücke schneiden.
Zwiebeln abziehen und fein würfeln.
Knoblauchzehen abziehen und fein hacken.
Tomaten im Mixer oder mit dem Mixstab pürieren.

Zubereitung: *Zwiebel und Knoblauch in einer beschichteten Pfanne in wenig Wasser andünsten; Restliches Gemüse dazugeben und alles ca. 5 Minuten schwach köcheln. Gemüsebrühe und Tomatenpüree zum Gemüse geben und kurz aufkochen lassen.*
Mit weißem Pfeffer und Cayennepfeffer abschmecken, die fertige Suppe mit frischem Dill und Petersilie bestreuen.

Tipp: *Sollte das Tomatenpüree nicht cremig genug sein, so geben Sie bitte 100 ml Tomatensaft dazu.*

In diesem Gericht sind enthalten

⏩ *Eiweiß*	*68,30 g (52 %)*
⏩ *Fett*	*4,31 g (7 %)*
⏩ *Kohlenhydrate*	*53,84 g (41 %)*
⏩ *Natrium*	*457 mg*
⏩ *Kalium*	*3012 mg*

Gemüsepfanne mit Huhn

Zutaten:		*kcal*	*kJ*
250 g	*Hähnchenbrustfilet*	*255*	*1065*
1 (60 g)	*Zwiebel*	*17*	*70*
1/2 (100 g)	*Zucchini*	*19*	*80*
2 (120 g)	*Tomaten*	*20*	*88*
1/2 (75 g)	*rote Paprika*	*28*	*116*
Gesamtsumme:		***339***	***1418***

Empfohlene Gewürze:
Curry, frisch gemahlener schwarzer Pfeffer

Vorbereitung:
Hühnerfleisch unter fließendem Wasser abspülen, trockentupfen und in kleine Stücke schneiden.

Zwiebel abziehen und in feine Ringe schneiden oder hobeln.

Zucchini waschen und in dünne Scheiben schneiden.

Tomaten waschen, putzen und in kleine Stücke schneiden.

Paprika waschen, entkernen und in Streifen schneiden.

Zubereitung:
Hühnerfleisch und Gemüse in eine heiße, beschichtete Pfanne geben und unter mehrmaligem Umrühren ca. 10 Minuten braten, so lange, bis das Fleisch gut durchgebraten ist; mit Pfeffer und Curry würzen und das Gericht anrichten.

In diesem Gericht sind enthalten

▸▸ *Eiweiß*	*63 g (77 %)*
▸▸ *Fett*	*3 g (8 %)*
▸▸ *Kohlenhydrate*	*13 g (16 %)*
▸▸ *Kalium*	*1591 mg*
▸▸ *Natrium*	*197 mg*

Rindersteak mit Käse

Zutaten:

		kcal	kJ
300 g	*Rumpsteak*	*390*	*1638*
2 Scheiben (60 g)	*Goudakäse, 45 % Fett i. Tr.*	*180*	*755*
2 (120 g)	*Zwiebeln*	*34*	*140*
Gesamtsumme:		***604***	***2533***

Empfohlenes Gewürz:
frisch gemahlener schwarzer Pfeffer

Vorbereitung:
Steak waschen, trockentupfen und pfeffern.

Zwiebeln abziehen und in kleine Stücke schneiden.

Zubereitung:
Steak in einer heißen, beschichteten Pfanne ca. 3 Minuten von jeder Seite braten; Zwiebeln in die Pfanne geben; Käse auf das Fleisch legen und zerlaufen lassen.

Fleisch und Zwiebel auf einen Teller geben und schwarzen Pfeffer darüber mahlen.

In diesem Gericht sind enthalten

▸▸ *Eiweiß*	*84 g (56 %)*
▸▸ *Fett*	*27 g (40 %)*
▸▸ *Kohlenhydrate*	*6 g (4 %)*
▸▸ *Kalium*	*1302 mg*
▸▸ *Natrium*	*536 mg*

Spargel mit Huhn

Zutaten:

		kcal	kJ
300 g	*frischer Spargel*	*54*	*222*
400 g	*Hühnerbrustfilet*	*408*	*1704*
2 TL (10 g)	*Distelöl*	*88*	*368*
Gesamtsumme:		***550***	***2294***

Empfohlene Gewürze:
Curry, Pfeffer

Vorbereitung:
Spargel schälen.

Hühnerbrust unter fließendem Wasser abspülen und trockentupfen.

Zubereitung:
Spargel ca. 15 Minuten in Wasser garen. Hühnerbrust mit Curry und Pfeffer bestreuen und im vorgeheizten Ofen für ca. 20 Minuten bei 225 Grad garen. Spargel und Hühnerfleisch zusammen anrichten, Distelöl darüber träufeln.

In diesem Gericht sind enthalten

▸▸ *Eiweiß*	*100 g (74 %)*
▸▸ *Fett*	*13 g (22 %)*
▸▸ *Kohlenhydrate*	*6 g (5 %)*
▸▸ *Kalium*	*1929 mg*
▸▸ *Natrium*	*300 mg*

Rumpsteak Natur

Zutaten:		*kcal*	*kJ*
300 g	Rumpsteak	390	1638
1 (60 g)	Zwiebel	17	70
2 (120 g)	Tomaten	20	88
1/4 Bund	Petersilie	3	13
Gesamtsumme:		***430***	***1809***

Empfohlenes Gewürz:
frisch gemahlener schwarzer Pfeffer

Vorbereitung:
Steak waschen, trockentupfen und pfeffern.

Zwiebel schälen und in kleine Stücke schneiden.

Tomaten putzen, waschen und klein schneiden.

Petersilie waschen und fein hacken.

Zubereitung:
Fleisch auf einen zusammenklappbaren, beschichteten, heißen Tischgrill legen. Die beiden Grillhälften zusammenklappen und das Fleisch etwa 5 Minuten darin grillen. Das Fleisch vom Grill nehmen und auf einen Teller legen, Zwiebel, Tomaten und Petersilie auf das Fleisch geben, Pfeffer darüber mahlen.

In diesem Gericht sind enthalten

▸▸ *Eiweiß*	*69 g (65 %)*
▸▸ *Fett*	*14 g (29 %)*
▸▸ *Kohlenhydrate*	*6 g (6 %)*
▸▸ *Kalium*	*1511 mg*
▸▸ *Natrium*	*180 mg*

Forelle blau

Zutaten:

		kcal	kJ
1 (500 g)	frische Forelle	615	2565
1 (150 g)	Mohrrübe	39	162
1 (55 g)	Zwiebel	15	64
1 (120 g)	Porreestange	28	115
1/2 Bund	Petersilie	5	22
1 Tasse (200 g)	Weinessig	38	158
Gesamtsumme:		**740**	**3087**

Empfohlene Gewürze:
1 Lorbeerblatt, 1 TL Pfefferkörner, 2 Wacholderbeeren

Vorbereitung:
Fisch kalt abbrausen und trockentupfen.

Das Gemüse putzen, schälen, die Mohrrübe in dünne Scheiben, die Zwiebel und den Lauch in Ringe schneiden.

Zubereitung:
3 bis 4 Liter Wasser zum Kochen bringen, Gemüse, Petersilie, Lorbeerblatt, Pfefferkörner und Wacholderbeeren in das kochende Wasser geben. Den Weinessig dazugeben und den Fisch in den Sud gleiten lassen. Auf kleinster Stufe ca. 10 Minuten gar ziehen lassen (nicht kochen!). Den Fisch aus dem Sud heben, das Gemüse abtropfen lassen und über den Fisch verteilen.

In diesem Gericht sind enthalten

▸▸ Eiweiß	125 g (72 %)
▸▸ Fett	15 g (20 %)
▸▸ Kohlenhydrate	15 g (9 %)
▸▸ Kalium	2731 mg
▸▸ Natrium	433 mg

Überbackener Kabeljau mit Broccoli

Zutaten:			
		kcal	***kJ***
300 g	*Kabeljaufilet*	*270*	*1125*
40 g	*Gouda*	*120*	*503*
250 g	*Broccoli*	*65*	*275*
50 g	*Saure Sahne, 10 % Fett*	*58*	*244*
1 TL (5 g)	*Butter*	*37*	*155*
Gesamtsumme:		***551***	***2302***

Empfohlene Gewürze:
Zitronensaft, Muskatnuss, Petersilie, Pfeffer

Vorbereitung:
Eine Gratinschüssel mit Butter ausfetten.

Fisch kalt abbrausen.

Zitrone auspressen.

Broccoli waschen, in feine Stücke schneiden.

Petersilie waschen und hacken.

Gouda reiben.

Zubereitung:
Kabeljaufilets in die Schüssel geben. Mit Zitronensaft beträufeln und pfeffern. Broccoli auf den Fisch legen; Sauerrahm mit Muskat und Petersilie vermischen und über den Fisch gießen; Gouda über den Fisch streuen.

Im vorgeheizten Backofen ca. 20–25 Minuten bei 200 Grad backen.

In diesem Gericht sind enthalten

▸▸ *Eiweiß*	*81 g (60 %)*
▸▸ *Fett*	*21 g (34 %)*
▸▸ *Kohlenhydrate*	*8 g (6 %)*
▸▸ *Natrium*	*572 mg*
▸▸ *Kalium*	*1910 mg*

Gebratenes Lachsfilet mit Knoblauch

Zutaten:

		kcal	kJ
250 g	*Lachsfilet (frisch oder tiefgekühlt)*	*328*	*1368*
2 (10 g)	*frische Knoblauchzehen*	*14*	*59*
Gesamtsumme:		***342***	***1427***

Empfohlenes Gewürz:
schwarzer Pfeffer aus der Mühle

Vorbereitung:
Tiefkühllachs auftauen lassen, Lachsfilet unter fließendem Wasser abspülen und pfeffern.

Knoblauchzehen abziehen und in kleine Stücke schneiden.

Zubereitung:
Fisch und Knoblauch in eine heiße, beschichtete Pfanne geben. Fisch von beiden Seiten ca. 3 Minuten gut durchbraten, mit Pfeffer und Knoblauch würzen.

Tipp:
Lachs enthält reichlich die herzschützenden Omega-3-Fettsäuren.

In diesem Gericht sind enthalten

▸▸ *Eiweiß*	*47 g (55 %)*
▸▸ *Fett*	*16 g (42 %)*
▸▸ *Kohlenhydrate*	*3 g (3 %)*
▸▸ *Kalium*	*980 mg*
▸▸ *Natrium*	*129 mg*

Kräuterlachs in der Folie

Zutaten:

		kcal	kJ
300 g	*Lachsfilet*	*393*	*1641*
1 (160 g)	*Gemüsezwiebel*	*45*	*187*
1 (160 g)	*grüne Paprika*	*32*	*136*
1 (150 g)	*Mohrrübe*	*39*	*162*
1	*Zitrone*	*5*	*21*
Gesamtsumme:		**514**	**2147**

Empfohlene Gewürze:
Dill, Petersilie, Estragon, weißer Pfeffer

Vorbereitung:
Backofen auf 220 Grad vorheizen.

Lachs unter kaltem Wasser abspülen, trockentupfen, pfeffern.

Zitrone auspressen.

Gemüsezwiebel abziehen und in kleine Stücke schneiden.

Paprika entkernen, waschen und in kleine Stücke schneiden.

Mohrrübe waschen, schälen und in kleine Scheiben schneiden.

Dill, Petersilie, Estragon waschen und hacken.

Zubereitung:
Den Fisch auf ein großes Stück Alufolie legen. Zitronensaft über den Fisch geben, das Gemüse und die Gewürze darauf geben.

Folie ganz um den Fisch schließen und den Fisch ca. 20 Minuten im vorgeheizten Backofen bei 220 Grad grillen.

In diesem Gericht sind enthalten

- *Eiweiß* — *60 g (48 %)*
- *Fett* — *20 g (36 %)*
- *Kohlenhydrate* — *21 g (16 %)*
- *Kalium* — *2053 mg*
- *Natrium* — *262 mg*

Gegrillter Thunfisch

Zutaten:		**kcal**	**kJ**
250 g	*frischer Thunfisch*	632	2645
1 EL (10 g)	*Olivenöl*	88	369
1 EL (5 g)	*Petersilie, gehackt*	3	11
2 (10 g)	*Knoblauchzehen*	14	59
1 (60 g)	*Zwiebel*	17	70
Gesamtsumme:		**754**	**3154**

Empfohlenes Gewürz:
schwarzer Pfeffer aus der Mühle

Vorbereitung:
Den Backofen auf 200 Grad vorheizen.

Thunfisch kalt abbrausen und trockentupfen. Mit Pfeffer würzen.

Knoblauch und Zwiebel abziehen, fein schneiden.

Petersilie waschen und hacken.

Zubereitung:
Den Thunfisch auf die Alufolie legen; Knoblauch und Zwiebel mit Olivenöl vermischen und auf den Thunfisch geben. Thunfisch ca. 20 Minuten im vorgeheizten Backofen bei 200 Grad grillen.

Das Gericht anrichten und mit der Petersilie bestreuen.

In diesem Gericht sind enthalten

- *Eiweiß* 63 g (340 %)
- *Fett* 53 g (63 %)
- *Kohlenhydrate* 6 g (3 %)
- *Kalium* 1064 mg
- *Natrium* 109 mg

Rezeptvorschlag für einen Eiweißshake in der Definitionsphase

Eiweißshake pur

Zutaten:

		kcal	kJ
300 ml	*Mineralwasser ohne Kohlensäure*	*0*	*0*
2 EL (30 g)	*Proteinpulver 80 %*	*130*	*546*
Gesamtsumme:		***130***	***546***

Zubereitung:
Wasser und Proteinpulver im Mixer verquirlen.

Tipp:
Nehmen Sie Wasser ohne Kohlensäure, da es nicht schäumt.

In diesem Gericht sind enthalten

- *Eiweiß* 22 g
- *Fett* 2 g
- *Kohlenhydrate* 6 g

Proteinshake mit Banane

Zutaten:		kcal	kJ
300 ml	natürliches Mineralwasser, still	0	0
1 (90 g)	Banane	86	361
2 EL (30 g)	Proteinpulver 80 %	130	546
Gesamtsumme:		**216**	**907**

Vorbereitung:
Banane schälen und in kleine Stücke schneiden.

Zubereitung:
Alle Zutaten im Mixer gut verquirlen.

In diesem Gericht sind enthalten

- *Eiweiß* 23 g
- *Fett* 2 g
- *Kohlenhydrate* 25 g

Ananasshake

Zutaten:		*kcal*	*kJ*
300 ml	*Mineralwasser ohne Kohlensäure*	*0*	*0*
200 g	*frische Ananas*	*118*	*496*
2 EL (30 g)	*Proteinpulver 80 %*	*130*	*546*
Gesamtsumme		***248***	***1042***

Vorbereitung:
Ananas oben und unten begradigen und abschälen, den harten Strunk herausschneiden und das Fruchtfleisch in kleine Stücke schneiden.

Zubereitung:
Alle Zutaten im Mixer gut verquirlen.

In diesem Gericht sind enthalten
- *Eiweiß* 23 g
- *Fett* 2 g
- *Kohlenhydrate* 32 g

Erdbeer-Quark-Shake

Zutaten:		kcal	kJ
300 ml	*Mineralwasser ohne Kohlensäure*	*0*	*0*
150 g	*Magerquark*	*112*	*470*
100 g	*Erdbeeren*	*34*	*143*
2 EL (30 g)	*Proteinpulver 80 %*	*130*	*546*
Gesamtsumme:		***276***	***1159***

Vorbereitung:
Erdbeeren waschen, trockentupfen und klein schneiden.

Zubereitung:
Alle Zutaten im Mixer gut verquirlen.

Tipp:
Sie können frische oder tiefgekühlte Erdbeeren ohne Zuckerzusatz verwenden.

In diesem Gericht sind enthalten

- *Eiweiß* 43 g
- *Fett* 3 g
- *Kohlenhydrate* 18 g

Tagesvorschläge

Tagesvorschläge für das Muskelaufbauprogramm

Zur besseren Veranschaulichung bzw. Orientierung der Gestaltung des Ernährungsfahrplans und hier insbesondere der mengenmäßigen Kohlenhydrataufnahme ist jeweils eine Tagesplanung für jeden Körpertyp aufgelistet.

Die Präferenzliste zur Lebensmittelauswahl in der Aufbauphase soll Ihnen als Orientierungshilfe bei der Auswahl Ihrer Speisen dienen.

Präferenzliste zur Lebensmittelauswahl
Leitfaden zur Lebensmittelauswahl in der Aufbauphase

regelmäßig	**selten**	**nie**
	Kohlenhydrate	
Haferflocken Gemüse Vollkornbrot Kartoffeln Vollkornreis Vollkornnudeln Obst Trockenfrüchte Fruchtschnitten	Obstkuchen Weißbrot Konfitüre Honig Schokolade	Sahnetorte
	Eiweiß	
Rindfleisch Fisch Geflügel Eier Quark (20/40 % Fett) Milch (3,5 % Fett) Käse Geflügelaufschnitt	Wurst Fischkonserven Räucherfisch	sehr fettes Fleisch
	Fette	
Sonnenblumenkerne Nüsse Butter Nussmus Öle, kaltgepresst	Sahne Pommes frites Pizza	Currywurst
	Getränke	
Wasser Kaffee Tee Fruchtsäfte	Diät-Getränke (z. B. Cola, Soft-Drinks) Cola Alkohol	

Ektomorph – der schlanke Typ

			kcal	kJ
Frühstück				
2	Scheiben (60 g)	Gouda	180	755
3	(240 g)	Eier	370	1550
3	Scheiben (135 g)	Vollkornbrot	254	1061
2	TL (10 g)	Butter	74	310
2	TL (10 g)	Erdbeerkonfitüre	27	112
2	TL (10 g)	Honig	31	128
1	Glas (200 ml)	Orangensaft	90	376
Zwischenmahlzeit				
80	g	Weizenflocken	250	1048
1	(90 g)	Banane	86	358
Mittagessen				
300	g	Rinderhack	606	2538
3	(240 g)	Eier	370	1550
1	(30 g)	Zwiebel	8	35
2	Scheiben (90 g)	Vollkornbrot	169	707
Zwischenmahlzeit				
100	g	getrocknete Aprikosen	249	1044
Abendessen				
1	Portion (120 g)	Eisbergsalat	16	66
2	(160 g)	Tomaten	27	117
1/2	(30 g)	Zwiebel	8	35
2	TL (10 g)	Butter	74	310
200	g	Hühnerbrustfilet	204	852
150	g	Vollkornnudeln	484	2026
Spätmahlzeit				
1	Glas (250 g)	Vollmilch	160	672
30	g	Cashewnüsse	170	713
Gesamtsumme			**3907**	**16366**

Eiweiß	252 g (26 %)
Fett	157 g (36 %)
Kohlenhydrate	360 g (38 %)

Tipp: Trinken Sie mindestens drei Liter Wasser am Tag!

Mesomorph – der athletische Typ

			kcal	kJ
Frühstück				
100	g	Früchtemüsli	340	1423
250	g	Quark, 20 % Fett i. Tr.	250	1045
2	Tassen (120 g)	natreen-Fruchtcocktail	42	176
1	Glas (200 ml)	Orangensaft	90	376
Zwischenmahlzeit				
2	Scheiben (90 g)	Vollkornbrot	169	707
2	Scheiben (50 g)	gekochter Schinken	56	236
2	Scheiben (60 g)	Gouda	180	755
2	TL (10 g)	Butter	74	310
Mittagessen				
1	Tasse (75 g)	Vollkornreis	262	1097
300	g	Rindersteak	438	1839
1/2	(30 g)	Zwiebel	8	35
1	Portion (120 g)	Eisbergsalat	16	66
2	(160 g)	Tomaten	27	117
2	TL (10 g)	Distelöl	88	368
Zwischenmahlzeit				
2	Gläser (500 ml)	Vollmilch	320	1345
2	(180 g)	Bananen	171	716
Abendessen				
3	(240 g)	Eier	370	1550
2	Scheiben (90 g)	Vollkornbrot	169	707
150	g	Gurke	18	76
1	Portion (150 g)	Porree	39	160
Gesamtsumme			**3127**	**13107**

Eiweiß	203 g (26 %)
Fett	120 g (35 %)
Kohlenhydrate	299 g (39 %)

Tipp: Trinken Sie mindestens drei Liter Wasser am Tag!

Endomorph – der dickliche Typ

			kcal	kJ
Frühstück				
80	g	Haferflocken	296	1238
1	(120 g)	Apfel	62	260
250	ml	Buttermilch	90	375
1	(90 g)	Banane	86	358
Zwischenmahlzeit				
1	Glas (250 ml)	fettarme Milch	120	508
30	g	Mandeln	171	715
Mittagessen				
1	Tasse (75 g)	Vollkornreis	262	1097
300	g	Hühnerbrustfilet	306	1278
1/2	(80 g)	grüne Paprika	16	68
1/2	(80 g)	rote Paprika	30	123
1	EL (10 g)	Olivenöl	88	369
1	(30 g)	kleine Zwiebel	8	35
Zwischenmahlzeit				
250	g	Quark, 20 % Fett i. Tr.	250	1045
2	EL (20 g)	Leinöl	176	736
30	g	Sultaninen	89	374
Abendessen				
200	g	Lachs, frisch oder tiefgekühlt	262	1094
1	(30 g)	kleine Zwiebel	8	35
2	TL (10 g)	Küchenkräuter	6	23
Gesamtsumme			**2326**	**9733**
Eiweiß	177 g (31 %)			
Fett	86 g (33 %)			
Kohlenhydrate	203 g (36 %)			

Tipp: Trinken Sie mindestens drei Liter Wasser am Tag!

Tagesvorschläge für das Fatburningprogramm

Die Seiten 143 bis 145 zeigen Tagesvorschläge für die Definitionsphase. Zur besseren Veranschaulichung bzw. Orientierung der Gestaltung des Ernährungsfahrplans und hier insbesondere der mengenmäßigen Kohlenhydrataufnahme ist jeweils eine Tagesplanung für jeden Körpertyp aufgelistet.

Die Präferenzliste zur Lebensmittelauswahl in der Aufbauphase soll Ihnen als Orientierungshilfe bei der Auswahl Ihrer Speisen dienen.

Präferenzliste zur Lebensmittelauswahl
Leitfaden zur Lebensmittelauswahl in der Definitionsphase

regelmäßig	**selten**	**nie**
	Kohlenhydrate	
Haferflocken Gemüse	Obst Reis Reiswaffeln Kartoffeln Fertigmüsli Nudeln	Süßigkeiten Brot
	Eiweiß	
Rindfleisch Hühnerfleisch Putenfleisch Wild Fisch Eiklar Magerquark	Geflügelaufschnitt Käse (bis 40 % Fett)	Wurst Milch Fisch, gesalzen Fruchtjoghurt
	Fett	
Öle Nüsse Sonnenblumenkerne	Eigelb Butter	
	Getränke	
Kaffee Tee Mineralwasser (natriumarm)		Saft Cola Limos Diätgetränke Alkohol

Tagesvorschlag für die Definitionsphase

Ektomorph – der schlanke Typ

			kcal	kJ
Frühstück				
80	g	Haferflocken	296	1238
3	(60 g)	Eigelb	209	875
6	(240 g)	Eiweiß	120	499
30	g	Sultaninen	89	374
40	g	Sonnenblumenkerne	230	962
1	(120 g)	Apfel	62	260
Zwischenmahlzeit				
1	(90 g)	Banane	86	358
250	g	Magerquark	188	788
Mittagessen				
300	g	Putenbrustfilet	321	1338
1	(30 g)	Zwiebel	8	35
80	g	Vollkornnudeln	258	1081
Zwischenmahlzeit				
3	Scheiben (30 g)	Knäckebrot	108	451
3	EL (45 g)	Magerquark	34	142
1/2	(60 g)	Apfel	31	130
Abendessen				
200	g	Rinderfilet	242	1016
1	Portion (120 g)	Eisbergsalat	16	66
1	EL (10 g)	Olivenöl	88	269
1	(30 g)	Zwiebel	8	35
Gesamtsumme			**2326**	**9733**

Eiweiß	228 g	(39 %)
Fett	70 g	(26 %)
Kohlenhydrate	204 g	(35 %)
Natrium	1017 mg	
Kalium	4574 mg	

Tipp: Trinken Sie mindestens 4,5 Liter Wasser am Tag!

Mesomorph – der athletische Typ

			kcal	kJ
Frühstück				
75	g	Haferflocken	278	1161
2	(40 g)	Eigelb	139	584
3	(120 g)	Eiweiß	60	250
30	g	Sonnenblumenkerne	172	722
1/2	(45 g)	Banane	43	179
Zwischenmahlzeit				
250	g	Magerquark	188	788
100	g	natreen-Fruchtcocktail	35	147
Mittagessen				
200	g	Rinderfilet	242	1016
1	(30 g)	Zwiebel	8	35
1	Portion (150 g)	Broccoli	39	165
1	EL (10 g)	Olivenöl	88	369
Zwischenmahlzeit				
40	g	Paranüsse	264	1105
Abendessen				
250	g	Thunfisch, frisch oder aus der Dose in Wasser	345	1445
2	(20 g)	Knoblauchzehen	28	119
1	(150 g)	Porreestange	39	160
Gesamtsumme			**1968**	**8244**

Eiweiß	186 g	(38 %)
Fett	91 g	(42 %)
Kohlenhydrate	97 g	(20 %)
Natrium	566 mg	
Kalium	3867 mg	

Tipp: Trinken Sie mindestens 4,5 Liter Wasser am Tag!

Endomorph – der dickliche Typ

			kcal	kJ
Frühstück				
2	(40 g)	Eigelb	139	584
6	(240 g)	Eiweiß	120	499
2	(160 g)	Tomaten	27	117
2	Scheiben (50 g)	gekochter Schinken	56	236
Zwischenmahlzeit				
30	g	Mandeln	171	715
Mittagessen				
1	Portion (120 g)	Eisbergsalat	16	66
1	(30 g)	Zwiebel	8	35
1	EL (10 g)	Olivenöl	88	369
250	g	Rotbarschfilet	312	1312
Zwischenmahlzeit				
1	(120 g)	Apfel	62	260
Abendessen				
1	Portion (250 g)	Hühnerbrustfilet	255	1065
1	Portion (150 g)	Ananas, frisch	88	369
Gesamtsumme			**1344**	**5627**

Eiweiß	165 g	(50 %)
Fett	55 g	(37 %)
Kohlenhydrate	44 g	(13 %)
Natrium	1342 mg	
Kalium	3305 mg	

Tipp: Trinken Sie mindestens 4,5 Liter Wasser am Tag!

DIE BESTEN NAHRUNGSERGÄNZUNGEN

Sie möchten optimale Ergebnisse im Körperaufbautraining erzielen. Dafür trainieren Sie hart, ernähren sich je nach Sportart angemessen und achten darauf, im Anschluss an das Training genügend Ruhe zu bekommen.

Ein weiterer Aspekt, der Ihre Trainingsfortschritte beflügeln wird, ist der gezielte Einsatz von Nahrungsergänzungen. Ob Sie in erster Linie Muskelaufbau oder Fettabbau anstreben – die richtige Nahrungsergänzung zum richtigen Zeitpunkt eingenommen, wird Sie Ihren Zielen noch ein Stück näher bringen.

Wenn in diesem Kapitel von Nahrungsergänzungen gesprochen wird, dann sind damit selbstverständlich nicht Anabolika, Wachstumshormone oder andere potentiell gesundheitsschädliche Dopingmittel gemeint, sondern nur solche Präparate, die nicht als Dopingmittel auf der Liste des IOC eingestuft sind.

Die Suche nach leistungssteigernden Mitteln und Methoden lässt sich bis ins antike Griechenland zurückverfolgen. Die damaligen Wettkämpfer verzehrten zur Verbesserung ihrer sportlichen Leistung bestimmte Kräuter, Sesamsamen, getrocknete Feigen und Champignons.

Der Angebot an Nahrungsergänzungen ist heute riesig. Viele verschiedene Hersteller bieten breite Sortimente an Produkten zur Leistungssteigerung an. Wenn Sie schon länger mit dem Bodybuilding verbunden sind, dann erinnern Sie sich bestimmt noch an die Eiweißpulver früherer Jahre, die fast alle scheußlich schmeckten und sich in Flüssigkeit nicht richtig aufgelöst haben, sondern stark verklumpten. Diese Zeiten sind endgültig vorbei. Heute können Sie problemlos schmackhafte und hochwertige Proteinpulver erhalten.

Aber nicht nur Proteinpulver, sondern eine Vielzahl von Nahrungsergänzungen steht Ihnen zur Verfügung. Dabei ist es wichtig, dass Sie diejenigen Produkte auswählen, die Ihrer persönlichen Zielsetzung und Ihrem Körpertyp entsprechen. Genau wie das Training und die Ernährung sollten auch die eingesetzten Nahrungsergänzungen der jeweiligen Trainingsphase, das heißt Aufbau- oder Definitionsphase, und dem jeweiligen Körpertyp, das heißt ekto-, meso- oder endomorph, angepasst sein (siehe *Breitenstein*, Bodybuilding, rororo sport 19426, S. 27).

Die nachfolgende Liste erhebt keinen Anspruch auf Vollständigkeit, zeigt aber eine Auswahl an effektiven Ergänzungspräparaten.

Ich möchte Ihnen nur solche Präparate vorstellen, deren Wirksamkeit ich aus eigener Erfahrung bestätigen kann. In meinen Büchern schreibe ich nur über das, was ich selbst erlebt habe. So soll es auch in diesem Kapitel nicht anders sein.

Sicherlich möchten Sie Ihr Geld nicht für unwirksame Präparate ausgeben. Durch die aufgelisteten Nahrungsergänzungen werden Sie mit großer Wahrscheinlichkeit einen Minimum-Maximum-Effekt erzielen. Das bedeutet, dass Sie von der überlegten Auswahl und Anwendung einiger ausgesuchter Präparate den größtmöglichen Nutzen haben werden.

Muskelaufbau
- Proteinpulver
- Aminosäuren
- Creatin
- Weight-Gainer
- Tribulus Terrestis
- Glucosamin

Fatburning
- Aminosäuren
- Carnitin
- Fat-Burner
- Multivitamine/Mineralstoffe

Nahrungsergänzungen für den Muskelaufbau

Proteinkonzentrate

Eiweiß ist, neben Wasser, der wichtigste Baustoff unseres Körpers. Die kontraktilen Elemente der Muskulatur (Aktin und Myosin), der rote Blutfarbstoff (Hämoglobin), einige Hormone, wie zum Beispiel Insulin, und das zelluläre Immunsystem setzen sich aus Eiweißbausteinen zusammen.

Für jeden, der am Aufbau von Muskelmasse interessiert ist, ist es wichtig zu bedenken, dass Eiweiß dafür unentbehrlich ist. Nur Eiweiß baut – in Verbindung mit einem entsprechenden Training – Muskulatur auf. Kohlenhydrate und Fett mögen erstklassige Energielieferanten sein – für den Muskelaufbau können diese Nährstoffe jedoch nicht verwendet werden. Daher ist es von entscheidender Bedeutung für erfolgreiches Bodybuilding, dass Sie Ihren Muskeln die benötigte Menge an Protein zuführen, damit es zur Verdickung der Muskelfasern kommen kann. Über die tatsächliche Höhe der benötigten Eiweißzufuhr gibt es in der Literatur und aus den Erfahrungen der Praxis unterschiedliche Empfehlungen. Je nach Körpertyp und Trainingsphase dürften Sie genügend Protein aufnehmen, wenn Sie sich an einer Richtzahl zwischen zwei und vier Gramm Eiweiß pro Kilogramm Körpergewicht pro Tag orientieren.

Das ist eine ziemliche Menge dieses muskelaufbauenden Nährstoffes, und es ist nicht immer ganz leicht, sie auch tatsächlich mit der täglichen Nahrung aufzunehmen. Häufig fehlt einfach die Zeit, um jeden Tag vier bis sechs Mahlzeiten vorzubereiten und zu verzehren. Obwohl jeder ehrgeizige Bodybuilder höchstes Augenmerk auf die regelmäßige Zufuhr von Nährstoffen legen bzw. einen Mahlzeitenrhythmus einhalten sollte, der alle zwei bis drei Stunden die Aufnahme von Nahrung, und dabei idealerweise jeweils zwischen 30 und 50 Gramm Eiweiß, vorsieht, hapert es mit der Umsetzung nicht selten in der Praxis. Zur Deckung des Eiweißbedarfs können Proteinkonzentrate durchaus hilfreich sein. Sie können Eiweiß-Nahrungsergänzungen in Pulverform, als Tablette, Kapsel oder Trinkampulle einnehmen.

Proteinpulver

Als Shake mit Wasser oder Milch bieten Ihnen Proteinpulver eine sehr schmackhafte Möglichkeit, Ihrem Körper ohne viel Mühe reichlich Eiweiß zuzuführen. Wenn Sie sich für den Einsatz von Eiweißpulver entscheiden, achten Sie bitte darauf, dass das entsprechende Produkt aus hochwertigen Zutaten zusammengesetzt ist. Erste Wahl sind Lactalbumin (Molkeneiweiß, im Englischen als «Whey» bezeichnet) und Ei-Eiweiß. Sowohl Lactalbumin als auch Ei-Eiweiß besitzen eine hohe biologische Wertigkeit (siehe auch Seiten 20 f.). Lactalbumin enthält reichlich die so genannten Branched Chained Amino Acids (BCAAs) und ist schnell verdaulich. Ei-Eiweiß ist in seinem Aminosäureaufbau dem menschlichen Eiweiß fast identisch und somit äußerst hochwertig. Selbst Präparate, die ausschließlich Eiklar enthalten, weisen noch eine relativ hohe biologische Wertigkeit auf. Für den Gebrauch von Ei-Eiweiß-Konzentraten spricht auch die in der Praxis immer wieder gemachte Erfahrung, dass sie im Gegensatz zu Milcheiweiß eine deutlich geringere Tendenz aufweisen, Wasser zu speichern. Für jemanden, der in erster Linie an extrem scharfer Definition interessiert ist, empfiehlt sich daher vorzugsweise der Verzehr von Ei-Eiweiß-Präparaten. Aber auch hier gilt es, die eigenen körperlichen Reaktionen zu beobachten, das heißt, wie der Körper auf die Aufnahme von verschiedenen Proteinpulvern reagiert.

Entscheiden Sie sich also für ein Proteinpulver, das sich aus Lactalbumin oder Ei-Eiweiß zusammensetzt. Pulver, die auf der Zutatenliste an erster Stelle Casein (Milcheiweiß) stehen haben, sind nur zweite Wahl, was die biologische Wertigkeit angeht, Sie könnten nämlich ebenso gut Quark essen und kämen so deutlich preisgünstiger davon. Sollten Sie strikter Vegetarier sein, könnten Sie auch Sojaprotein-Pulver zur Anreicherung Ihres Speisezettels einsetzen.

Die meisten derzeit im Handel befindlichen Proteinpulver setzen sich aus einem Gemisch aus Lactalbumin, Casein und Ei-Protein zusammen. Aus der Zutatenliste bzw. aus der Reihenfolge der Nennung können Sie den anteiligen Gehalt des jeweiligen Eiweißes ersehen. Am stärksten vertreten ist die Eiweißfraktion, die auf der Zutatenliste als Erstes genannt wird. Das Trinken von ein bis zwei Eiweißshakes pro Tag ist eine durchaus empfehlenswerte Maßnahme zur Deckung des Eiweißbedarfs. Trinken Sie Ihre Shakes nicht zu den Mahlzeiten, sondern lieber zwischendurch, um eine bestmögliche Aufnahme im Körper zu erzielen.

Aminosäuren

Neben Proteinpulver bieten auch Aminosäurenpräparate eine gute Möglichkeit, die Eiweißzufuhr über die tägliche Ernährung hinaus zu ergänzen. Aminosäurentabletten, -kapseln oder -ampullen bieten die Möglichkeit, schnell und unkompliziert Eiweißbausteine aufzunehmen. Besonders empfehlenswert ist die Einnahme direkt nach dem Training, noch vor dem Duschen, und auch vor dem Training genommen versorgen die Aminosäuren Ihren Körper mit dem für den Muskelaufbau so wichtigen Eiweiß.

Wenn Sie Aminosäuren vor dem Training nehmen, empfiehlt sich die gezielte Einnahme von BCAAs. Darunter werden die drei essentiellen Aminosäuren Leucin, Isoleucin und Valin verstanden. Diese drei Aminosäuren sind Teil der acht lebensnotwendigen Aminosäuren, die durch die Nahrung aufgenommen werden müssen, da der Körper sie nicht selbst bilden kann. Die BCAAs machen immerhin rund 35 Prozent der in der Muskulatur enthaltenen Aminosäuren aus und sind somit wichtiger Bestandteil des Muskelproteins. Ein weiterer Aspekt, der für die Einnahme von BCAAs spricht, ist der, dass diese Aminosäuren nicht erst in der Leber, sondern direkt in der Muskulatur verstoffwechselt werden und so schnell als Bausteine zur Verfügung stehen.

Soll es mit der Aufnahme der Aminosäuren noch schneller gehen, sind Sie am besten mit Proteinhydrolysaten bedient. In solchen Präparaten liegen die Aminosäuren bereits in «freier Form» vor, das heißt, sie müssen nicht erst durch den Verdauungstrakt aufgespalten werden. Freie Aminosäuren stehen innerhalb von 30 bis 60 Minuten nach der Einnahme als Baustoffe für den Muskel zur Verfügung.

Eine weitere interessante Aminosäure ist Glutamin. Diese Aminosäure ist wichtiger Bestandteil der Muskulatur und unterstützt das Immunsystem bzw. verringert die Infektanfälligkeit. Während des Trainings verbrauchen Sie viel Glutamin, und es ist eine sinnvolle Maßnahme, einen bis zwei Teelöffel dieser Aminosäure in Pulverform, am besten in der Kombination mit Fruchtsaft, direkt nach dem Training einzunehmen. Insbesondere direkt nach dem Training genommen, entfaltet Glutamin einen gewissen Katabolieschutz, das heißt wirkt dem Abbau von Muskelsubstanz entgegen.

Creatin

Anfang der 90er Jahre begann der Siegeszug des Creatinmonohydrats durch die Sportstudios der Nation. Ich experimentierte das erste Mal 1992 mit Creatin. Fast zufällig sah ich eine kleine Dose mit 100 g Creatin im Regal meines Nahrungsergänzungshändlers stehen. Nach Durchsicht der Produktinformation entschloss ich mich dazu, dieses Präparat einmal auszuprobieren. Und der Effekt war wirklich phänomenal. Meine Kraftleistung stieg durch die Einnahme von einem Teelöffel Creatin pro Tag rasant an und bei den Muskeln kam es zu einem extremen Durchblutungseffekt («Pump»). Die Erklärung dafür ist einfach. Schließlich ist Creatin so etwas wie der Superkraftstoff der Muskelzelle, denn die Energiebereitstellung für die Muskelkontraktion wird optimiert. Rotes Fleisch, zum Beispiel Rindfleisch, ist der Hauptlieferant von Creatin in unserer Ernährung. 100 g Rindfleisch enthalten ungefähr 500 mg Creatin.

Creatin wird aber auch im Körper selbst aus den Aminosäuren Glycin, Arginin und Methionin hergestellt. Bildungsort ist die Leber. Nahezu 100 Prozent des im Körper enthaltenen Creatins befindet sich in der Skelettmuskulatur. Pro Tag verlieren Sie ca. 2 g Creatin über die Nieren.

Die Einnahme von Creatin ist sehr empfehlenswert. Dieses Präparat steht nicht auf der Dopingliste und wird es Ihnen ermöglichen, Ihre Kraftleistung mit schwerem Gewicht, das heißt die Anzahl der absolvierten Wiederholungen pro Satz, zu erhöhen. Wie Sie wissen, ist das schwere Training der Grundübungen wie Kniebeuge, Bankdrücken, Nackendrücken und Langhantelcurls wichtig für die Entwicklung einer dichten und kompakten Muskulatur.

Nehmen Sie Creatinmonohydrat zyklisch ein. Nach sechs Wochen Einnahme sollte sich eine vierwöchige Einnahmepause anschließen. Besonders gut resorbiert wird das Creatin durch den gleichzeitigen Verzehr von Einfachzucker. Daher empfiehlt es sich, Creatin in der Kombination mit Fruchtsaft einzunehmen. Häufig wird die Empfehlung ausgesprochen, mit einer so genannten «Aufladephase» in den ersten fünf Tagen mit jeweils 20 g Creatin zu beginnen. In der Praxis zeigt es sich oftmals, dass solche Mengen an Creatin zu Magen- und Darmproblemen führen können. Ich persönlich habe keinen Unterschied in der Wirksamkeit des Creatins bei Mengen von 5 oder von 20 g feststellen können, tendiere aber aus dem eben genannten Grund eher zu einer täglichen Einnahmemenge von 5 Gramm.

Weight-Gainer

Weight-Gain bedeutet so viel wie Gewichtszunahme. Und eben das ist der Hauptzweck dieser Präparate. Es sind

Nährstoffkonzentrate in Pulverform, die sich aus einem hohen Prozentsatz Kohlenhydraten sowie Eiweiß- und manchmal auch Fettbestandteilen zusammensetzen. Empfehlenswerte Weight-Gainer enthalten mindestens 10 bis 15 Prozent Protein. Manche Hersteller reichern Ihre Erzeugnisse auch mit weiteren Inhaltsstoffen an. Häufig werden Vitamine und Mineralstoffe zugesetzt. Zur Anwendung kommt aber auch eine Vielzahl anderer Zutaten wie beispielsweise Creatin oder Glutamin. In der Zubereitung mit Milch und unter Beigabe von zum Beispiel Obst, Nüssen, Sahne und Eiscreme bieten Weight-Gain-Shakes eine gute Möglichkeit zur reichlichen Kalorienaufnahme. Besonders sehr schlanke, ektomorphe Körpertypen, die alles essen können, ohne zuzunehmen, und die um jedes Gramm Gewichtszunahme kämpfen müssen, können von einem oder zwei zusätzlich zur Ernährung verzehrten Weight-Gain-Shakes profitieren (Rezeptvorschläge siehe Seite 99 f.).

Aber Vorsicht! Da der Hauptzweck dieser Präparate in der Gewichtszunahme liegt, besteht durchaus die Gefahr, dass Sie nicht nur an magerer Muskelsubstanz, sondern auch an Fett zunehmen. Sollten Sie also nach einiger Zeit der Anwendung von Weight-Gainern bemerken, dass sich besonders in der Körpermitte verstärkt Fettpolster festsetzen, wechseln Sie lieber zu einem hochwertigen Proteinpulver, das Sie als Basis für Ihre Muskelaufbau-Shakes verwenden.

Tribulus Terrestis und Glucosamin

Diese Präparate empfehlen sich zur Komplettierung Ihres Nahrungsergänzungsprogrammes während der Aufbauphase. Während Tribulus Terrestis den Spiegel an dem für die Muskelentwicklung so wichtigen Hormon Testosteron im Blut anheben soll, ist Glucosamin für die Gesunderhaltung der Gelenke und für ein starkes Bindegewebe wichtig. Tribulus sollte in Mengen zwischen 1000 und 1500 mg täglich eingenommen werden. Ebenso wie bei der Einnahme von Creatin empfiehlt sich die zyklische Art der Anwendung, das heißt, machen Sie nach vier- bis sechswöchiger Einnahmedauer eine ebenso lange Pause. Wenn Sie Glucosamin testen möchten, gehen die Empfehlungen von Mengen zwischen 750 und 1500 mg täglich aus.

Nahrungsergänzungen für das Fatburning

Während dieser zwei bis drei Monate im Jahreszyklus Ihres Trainings ist das Hauptziel das Erreichen der bestmöglichen Körperform. Die Muskeln sollen sich in ihrer Struktur klar und deutlich unter der Haut abzeichnen, wofür die Voraussetzung ein möglichst niedriger Körperfettanteil ist.

Dabei soll die hart erarbeitete Muskelsubstanz der Aufbauphase erhalten bleiben. Die Ernährung während der Definitionsphase ist sehr strikt und besteht in der Hauptsache aus eiweißreichen Lebensmitteln wie Fleisch, Fisch und Eiern, etwas kaltgepresstem Pflanzenöl und wenig komplexen Kohlenhydraten in Form von Gemüse und etwas Haferflocken. Grundsätzlich ist es das. Sehr einfach und schlicht. Keine geheimnisvollen Erfolgsrezepte, sondern Disziplin in der Ernährung und natürlich auch im Training ist das Gebot der Stunde, damit Sie Ihren Körperfettanteil erfolgreich minimieren. Um den Fettstoffwechsel zu unterstützen und eventuellen Mangelerscheinungen in der Nährstoffversorgung vorzubeugen, empfehlen sich die nachfolgenden Nahrungsergänzungen.

Aminosäuren

Die Anwendung von Aminosäuren ist nicht nur für die Muskelaufbauphase, sondern auch für die Definitionsphase zu empfehlen. Als Einnahme- und Dosierungsempfehlungen gelten dieselben Richtlinien wie in der Aufbauphase (siehe Seiten 149).

Carnitin

Carnitin ist eine wichtige Substanz für einen optimal funktionierenden Fettstoffwechsel. Es dient als Biocarrier, das heißt unterstützt den Transport der Fettsäuren durch die Zellmembran in die Zelle hinein zu den Kraftwerken der Zelle, den Mitochondrien. Dort werden die Fette dann als Muskeltreibstoff verstoffwechselt. Außerdem stärkt Carnitin das Immunsystem und erhöht somit Ihre Abwehrkräfte gegen Infektionen. Das ist wichtig für einen störungsfreien Trainingsrhythmus. Denn es ist wirklich ärgerlich, das Training ausfallen lassen zu müssen, weil Sie krank sind, gerade dann, wenn Sie sich auf Kurs zu Ihrer persönlichen Bestform befinden. Auch die Regenerationsfähigkeit nach harten Trainingsbelastungen soll durch Carnitin verbessert werden.

Der Körper stellt Carnitin in der Leber und den Nieren aus den beiden Aminosäuren Lysin und Methionin selbst her. Durch die Ernährung versorgen wir den Organismus, besonders durch den Verzehr von Fleisch, und hier in erster Linie von Rind- oder Lammfleisch, mit Carnitin.

Als Nahrungsergänzung empfiehlt sich die Einnahme von ca. einem Gramm Carnitin zusammen mit einer oder zwei Tassen schwarzen Kaffees, ca. eine halbe Stunde vor dem Training. Wichtig für die volle Wirksamkeit des Carnitins ist dabei die Tatsache, dass Ihre Kohlenhydratreserven in der Leber und den Muskeln so gut wie leer sein müssen. Optimaler Einnahmezeitpunkt ist also morgens, nüchtern, nach dem Aufstehen und dann ein Training zu absolvieren. Manche Hersteller bieten Präparate mit Dosierungen von bis zu fünf Gramm pro Einnahme an. Solche hohen Mengen sind nicht erforderlich und führen mit aller Wahrscheinlichkeit zu Magen-Darm-Problemen.

Fat-Burner

Fat-Burner heißt so viel wie Fettverbrenner und sind weitere empfehlenswerte Präparate für die Definitionsphase. Wenn Sie sich für die Einnahme eines der vielen auf dem Markt erhältlichen Präparate entscheiden, so empfehle ich Ihnen, solche Produkte zu bevorzugen, die Substanzen wie beispielsweise Pyruvat, Sida Cordifolia, White Willow oder Cayenne enthalten. Alle diese Substanzen scheinen den Fettverbrennungsprozess zu beschleunigen. Auch hierbei ist es wichtig, sich immer wieder bewusst zu machen, dass Fat-Burner am besten in der Kombination mit einer kohlenhydratarmen Ernährung wirken.

Vitamine und Mineralstoffe

Um Mangelerscheinungen in der Vitamin- und Mineralstoffversorgung während der Definitionsphase vorzubeugen, empfiehlt sich die Einnahme eines guten Multivitamin- und Mineralstoffpräparates. Besonders gut sind so genannte Power-Packs, die alle Vitamine und Mineralstoffe enthalten. Diese Packs setzen sich aus einer Anzahl von Tabletten zusammen, die in kleinen Plastiktütchen eingeschweißt sind. Nehmen Sie ein Päckchen zusammen mit einer Mahlzeit ein, vorzugsweise nach dem Frühstück, mit einem Glas Wasser.

Noch eine Sache, wenn Sie sich auf einen wichtigen Fototermin oder einen Wettkampf vorbereiten sollten: Während der letzten Wochen dieses Zeitraumes streichen Sie so gut wie alle Milchprodukte von Ihrem Speiseplan, denn sie können zu Wasserspeicherungen zwischen Haut und Muskeln führen. Allerdings ist Ihre Diät sehr reich an tierischem Protein durch den hohen Verzehr von Fleisch, Fisch und Eiern. Je mehr Eiweiß Sie täglich verzehren, umso höher ist auch die Ausscheidungsrate an Calcium. Calcium befindet sich in erster Linie in Milch- und Milchprodukten. Daher sollten Sie während dieser letzten Wochen vor einem wichtigen Termin zusätzlich ein Calciumpräparat einsetzen. Auch die Extragabe von Vitamin C in dieser Zeit scheint wirkungsvoll zu einer wirklich erstklassigen Muskelzeichnung beizutragen.

Wasser

Auch wenn Wasser im eigentlichen Sinne kein Nahrungsergänzungsmittel ist, ist es doch sehr wichtig, dass Sie in der Definitionsphase mindestens 3 bis 4 Liter, besser noch mehr, Wasser trinken. Die eiweißreiche Ernährung in dieser Phase belastet Ihren Verdauungsapparat bzw. die inneren Organe, wie zum Beispiel die Nieren, stark. Trinken Sie genug Wasser, damit Ihre Organe immer gut durchgespült und in ihrer Entgiftungsfunktion unterstützt werden. Außerdem besteht die Gefahr eines aufgedunsenen Aussehens, wenn Sie nicht genügend Wasser trinken. Der Körper hält dann Flüssigkeit zurück, und das verhindert die gute Muskelzeichnung und führt zu einem eher weichen Aussehen.

Reduzieren Sie Ihre Flüssigkeitsaufnahme die letzten Tage vor einem wichtigen Termin, das heißt Fotoaufnahmen oder einer Wettkampfteilnahme. Interessierte Leser können sich an dem für die letzte Woche gedachten «Last Week»-Schema zum Erreichen der persönlichen Bestform in meinem Buch «Power Bodybuilding» orientieren.

Fazit

Nahrungsergänzungen sind ein wichtiger Bestandteil in Ihrem Bestreben eines zu optimalen Ergebnissen führenden Trainings. Wichtig ist dabei, dass die Konzentrate der jeweiligen Trainingsphase entsprechend gewählt werden. Das bedeutet, die richtigen Mittel zum richtigen Zeitpunkt einzusetzen, ob das vorrangige Ziel in erster Linie Muskelaufbau oder Fettabbau ist. Auch der Zeitpunkt der Einnahme ist für die Wirksamkeit von Nahrungsergänzungen entscheidend. So bringt es zum Beispiel nichts, eine kohlenhydratreiche Mahlzeit zu verzehren und anschließend Carnitin einzunehmen, in der Hoffnung, verstärkt Körperfett abzubauen.

Gewusst wie gilt also neben der Gestaltung des persönlichen Trainings- und Ernährungsplans auch für den Einsatz von Nahrungsergänzungen. Machen Sie Nahrungsergänzungen gezielt zum Bestandteil Ihres Ernährungs- und Trainingsprogrammes. Sie werden es nicht bereuen.

ANHANG

Rezeptübersicht

Muskelaufbau

Frühstück

- Fruchtig-nussige Haferwaffeln
- Müsli-Quark-Mix
- Flüssigmüsli
- Vollkornbrot mit süßem Quark
- Frischer Obstsalat
- Kerniges Müsli mit Früchten
- Schinken-Käse-Omelette auf Vollkornbrot
- Kefirmüsli
- Käse-Spiegelei auf Vollkornbrot
- Vollkornbrot mit Kräuterquark
- Apfel-Haferpfannkuchen
- Frischer Obstsalat «Tropicana»,
- Grünkernschrotmüsli
- Gebratene Banane mit Vanillezucker

Zwischenmahlzeit

- Bananenreis mit Rosinen
- Früchtequark
- Vollkorn-Schinken-Käse-Sandwich
- Nussiges Vollkornbrot mit Milch
- Grießpudding mit Früchten
- Bananenquark
- Reissalat mit Roastbeef
- Karottenbratlinge

Mittag

- Linsen-Kokos-Suppe
- Röstkartoffeln mit Gemüsequark
- Bunte Reispfanne
- Gebratenes Rotbarschfilet mit Kartoffeln
- Hähnchengeschnetzeltes mit Reis
- Feurige Vollkornnudeln mit Schinkenstreifen
- Pellkartoffeln mit Tsatsiki und Leinöl
- Gedünsteter Kabeljau mit Kartoffeln
- Reis mit Huhn und frischer Ananas
- Vollkornnudeln mit Käse-Spinat-Sauce

Abend

- Bohnen mexikanische Art
- Gekochte Hirse mit Curry-Huhn
- Knusprige Bratkartoffeln mit Spiegelei
- Saftiges Rumpsteak mit Kräuterbutter und Salat
- Rindersteak mit Folienkartoffeln und Paprikasauce
- Pikanter Gemüsereis mit Rindfleisch
- Reis mit süßsaurem Hühnerbrustfilet
- Leckere Chinapfanne
- Aufschnitt und Vollkornbrot
- Hühnerfleisch mit Bananen

Fatburning

Frühstück

- Zwiebel-Rührei
- Knäcke und Ei
- Haferwaffeln
- Käse-Omelette
- Schinken-Pilz-Omelette
- Rührei mit Pilzen und Zwiebeln
- Hafermüsli

Zwischenmahlzeit

- Apfel-Möhren-Rohkost
- Fruchtsalat «Enzym» mit Hühnerbrustfilet
- Scharfer Asia-Salat
- Spargelsalat mit Walnüssen

Mittag

- Grüner Salat mit Hähnchenbrustfilet
- Putengeschnetzeltes mit Broccoli und Möhren
- «Muscle-Burgers»
- Hühnerfleisch mit frischer Ananas
- Gegrillter Lachs mit Gemüse

- Bunter Chicorée-Salat
- Putensteak mit Blattspinat
- Geschnetzelte Hähnchenbrust mit süßsaurem Gemüse
- Bunte Gemüsesuppe

Abend
- Gemüsepfanne mit Huhn
- Rindersteak mit Käse
- Spargel mit Huhn
- Rumpsteak Natur
- Forelle blau
- Überbackener Kabeljau mit Broccoli
- Gebratenes Lachsfilet mit Knoblauch
- Kräuterlachs in der Folie
- Gegrillter Thunfisch

Shakes

Muskelaufbau (ohne Proteinpulver)
- Erdbeer-Bananen-Shake
- Bananenshake mit Vanilleeis
- Fruchtbuttermilch
- Frischer Gemüsemix

Muskelaufbau
- Fruchtmilch
- Bananen-Vanille-Milch
- Pure Banana
- Erdbeershake
- Vegie Drink
- Weight Gain
- Super Weight Gain

Trainingsdrink
- Apfelschorle mit Maltodextrin
- Apfelschorle mit Maltodextrin und Creatin
- Quick Energy

Fatburning
- Eiweißshake pur
- Proteinshake mit Banane
- Ananasshake
- Erdbeer-Quark-Shake

Literaturverzeichnis

Arndt, K. (Hrsg.): Handbuch Nahrungsergänzungen. Arnsberg 1999

Bohlmann, F./Schinharl, C.: Health Food. München 1999

Breitenstein, B.: Power Bodybuilding. Erfolgreich, natürlich, gesund. Reinbek 1999/2000

Breitenstein, B./Hamm, M.: Bodybuilding. Erfolgreich, natürlich, gesund. Reinbek 1996/2000

Deutsche Gesellschaft für Hauswirtschaft (Hrsg.): Lebensmittelverarbeitung im Haushalt. Stuttgart 1984

Dittrich, K./Leitzmann, C.: Bioaktive Substanzen. Stuttgart 1996

Elmadfa, I./Leitzmann, C.: Ernährung des Menschen. Stuttgart 1988

Gärtner, H./Pohl, R.: Der Steoridersatz. Heilbronn 1994

Geiss, K.-R./Hamm, M.: Handbuch Sportlerernährung. Reinbek 1992/1999

Hamm, M.: Fitnessernährung. Reinbek 1990/1999

Hamm, M.: Das Fitmacher Kochbuch. Niedernhausen 1994

Hamm, M., et al.: Das Fitness Kochbuch. Reinbek 1992

Hamm, M.: Fett ja – aber wenig und richtig. München 1999

Klein, B. (Projektleitung): Die gesunde Feinschmecker Küche. Stuttgart 1993

Leitzmann, C./Million, H.: Power Food. München 1998

Roßmeier, A.: Kulinarische Sternstunden. Hamburg 1997

Roßmeier, A.: Fettarme Küche. München 1998

Roßmeier, A.: Kochen rund ums Jahr. München 1999

Vedral, J./Reynolds, B.: Supercut. Contemporary Books. Chicago 1985

Worm, N.: Gesund mit Fleisch. Düsseldorf/Wien/New York 1990

Register